JOCELYN LÉTOURNEAU

Le Québec
Les Québécois

Un parcours historique

MUSÉE DE LA
CIVILISATION

Québec ::

FIDES

Cet ouvrage a été réalisé dans le cadre de l'exposition permanente *Le Temps des Québécois*,
inaugurée au Musée de la civilisation à Québec, le 22 juin 2004.

Exposition

CHARGÉE DE PROJET : Dominique Bilodeau

CONSERVATRICE : Charlotte Giguère

CONSERVATEUR : Michel Laurent

Publication

AUTEUR : Jocelyn Létourneau

COORDINATION : Marie-Charlotte De Koninck, Musée de la civilisation

RECHERCHE ICONOGRAPHIQUE : Nicole Dorion, Sylvie Bergeron

SUPERVISION ÉDITORIALE : Guylaine Girard

SUPERVISION DE LA PRODUCTION : Carole Ouimet

CONCEPTION GRAPHIQUE : Gianni Caccia

INFOGRAPHIE : Bruno Lamoureux

RÉDACTEUR DU RÉPERTOIRE DES PERSONNAGES : Dominique Foisy-Geoffroy

RÉDACTEUR DE L'ÉCHELLE DU TEMPS : Francis Farley-Chevrier

Catalogage avant publication de la Bibliothèque nationale du Canada
Létourneau, Jocelyn, 1956-
Le Québec, les Québécois : un parcours historique
(Images de sociétés)
Comprend des réf. bibliogr.
Publié en collab. avec : Musée de la civilisation

ISBN 2-7621-2585-5

1. Québec (Province) — Histoire. 2. Identité collective — Québec (Province).
3. Québec (Province) — Biographies. I. Musée de la civilisation (Québec).
II. Titre. III. Collection : Collection Images de sociétés.

FC2911.L47 2004   971.4   C2004-940761-9

Dépôt légal : 2ᵉ trimestre 2004
Bibliothèque nationale du Québec
© Éditions Fides, 2004

Le Musée de la civilisation est subventionné par le ministère de la Culture et des Communications du
Québec. Les Éditions Fides remercient de leur soutien financier le ministère du Patrimoine canadien, le
Conseil des Arts du Canada et la Société de développement des entreprises culturelles du Québec (SODEC).
Les Éditions Fides bénéficient du Programme de crédit d'impôt pour l'édition de livres du Gouvernement
du Québec, géré par la SODEC.

IMPRIMÉ AU CANADA EN JUIN 2004

Avant-propos

AU MOMENT DE SON OUVERTURE, en 1988, le Musée de la civilisation empruntait le chemin de la mémoire du peuple québécois pour mettre en valeur son identité, son patrimoine et sa culture. L'exposition permanente *Mémoires* qui porta ce projet rencontra un vif succès. Seize ans plus tard, le Musée s'apprête à raconter l'aventure historique québécoise dans une autre exposition permanente.

Mais comment raconter cette aventure aujourd'hui ? Le sens du passé n'est pas fixé une fois pour toutes. Si les faits demeurent les mêmes et si le passé reste immuable, l'interprétation qu'on en donne est mouvante à plusieurs égards. Faits et mémoire du passé, vérité historique et mémoire collective sont étroitement imbriqués. Il est acquis que la réévaluation du passé d'un peuple fait partie de l'écriture de son histoire. Nous sommes là au cœur d'une préoccupation toute contemporaine.

En se lançant dans l'aventure de cette exposition permanente, *Le Temps des Québécois*, l'équipe du Musée a consulté plusieurs spécialistes, universitaires et communicateurs, engagés dans l'étude du passé et de ses récits. Ces personnes nous ont accompagnés tout au long de la réalisation de notre projet afin de nous aider à prendre en compte les préoccupations récentes des historiens et historiennes. Ainsi, nous avons voulu intégrer l'histoire sociale et économique à l'histoire politique, mettre en valeur l'urbanité québécoise, rappeler l'ouverture des régions au XIXe siècle, montrer le visage pluriculturel de la société québécoise et insister sur sa modernité précoce trop souvent négligée.

Le texte que nous publions dans le cadre de notre exposition est l'œuvre d'un de nos nombreux collaborateurs, Jocelyn Létourneau. Au cours des dernières années, celui-ci s'est beaucoup intéressé à l'état des représentations historiques des Québécois. À la suite de plusieurs enquêtes menées auprès des jeunes notamment, il a fait ressortir à quel point ces derniers gardaient une vision assez mélancolique de l'histoire du Québec et des Québécois, vision axée sur l'idée d'un « peuple abandonné, reclus, se redressant, mais toujours hésitant à s'accomplir. » Pour ce professeur d'histoire de l'Université Laval, cette perception serait tributaire d'une mémoire collective conditionnant les jeunes — et une bonne partie des Québécois, peut-on penser —

dans le rapport symbolique qu'ils entretiennent à l'égard de leur collectivité d'appartenance.

Déterminé à contribuer à la réflexion sur le récit de l'aventure historique québécoise, Jocelyn Létourneau a accepté de se livrer à une réflexion originale, susceptible d'accompagner le projet d'exposition et de le nourrir d'un regard qui se veut fondamentalement respectueux et positif sur les hommes et les femmes qui ont bâti le Québec. Mais le plus grand défi de l'auteur était d'arriver à nous présenter, dans un nombre fort limité de pages, une synthèse interprétative de plus de quatre cents ans d'histoire qui fait sens pour le lecteur d'aujourd'hui. Le texte se distingue entre autres dans le choix des termes utilisés pour identifier les grandes étapes de l'histoire québécoise. Dans le récit de l'auteur, le parcours de cette histoire est rempli d'éléments de spécificité et d'universalité. Surtout, il reste ouvert à bien des possibilités d'avenir.

J'estime que l'auteur a relevé avec succès le défi de raconter l'aventure québécoise sur un mode différent. Des lecteurs nous ont confié que la lecture du texte les avait stimulés. Qu'en tant que Québécois, ils ressentaient le désir, comme leurs prédécesseurs l'avaient fait autrefois, de se relever les manches pour affronter les problématiques et situations propres à la construction d'une société complexe. N'est-ce pas là déjà une retombée heureuse de cette aventure dans laquelle nous avons choisi de nous engager en mettant cette exposition et ce livre à notre programmation? Le Musée de la civilisation n'est pas un musée d'histoire, mais il ne saurait remplir son mandat de musée national et de musée de société sans mettre en valeur les objets de sa collection, qui témoignent de l'histoire, ni sans faire place aux débats qui animent son interprétation. C'est là un de nos grands projets. La table est mise et nous espérons que, par nos gestes, nous contribuons et contribuerons encore longtemps à garder vivant le récit de l'histoire auprès de vous, visiteurs et lecteurs, qui êtes notre première raison d'être.

CLAIRE SIMARD
Directrice générale • Musée de la civilisation

Introduction

S CRUTANT LE PASSÉ de son regard fureteur, le contemporain a pour
réflexe de s'interroger sur ce qui fut avant lui. Il veut se comprendre
au présent, comme être social habitant ou partageant le lieu d'une
collectivité, en vertu de ce qui l'a précédé. Ce petit livre a pour ambition
de fournir, à ceux et celles qui se sentent interpellés par l'aventure
québécoise dans le temps, une narration générale ainsi que des éléments de réflexion sur le parcours historique de cette société.

Il y a plusieurs façons de rendre compte de la trajectoire du Québec
d'hier à aujourd'hui. Le récit que nous proposons fait état d'un parcours collectif influencé par des facteurs endogènes et exogènes, inspiré
par des utopies complémentaires et contradictoires, emporté par la
complexité du monde et par la sienne propre. Plutôt que de préconiser
une ligne interprétative où tout évolue vers le meilleur ou vers le pire,
nous avons choisi de mettre au jour les processus entremêlés et ambi-
valents, dissonants et divergents, singuliers et universels par lesquels
la société et la collectivité québécoises se sont formées puis élevées
dans le temps, et ce, dans une espèce d'indétermination enviable qui fait
que, hier comme aujourd'hui, l'avenir des Québécois a été et reste
ouvert aux projets plurivoques de ses habitants.

On ne trouvera pas dans cet ouvrage une synthèse détaillée de ce qui
a façonné historiquement le Québec et les Québécois. Nous nous
sommes plutôt attaché à identifier dans le passé les éléments qui
permettent de comprendre la collectivité québécoise dans son indomp-
table complication contemporaine. Le temps qui fuit ayant souvent pour
conséquence de mollir ce qui, en certaines époques, fut structurant d'un
présent désormais lointain, nous avons mis l'accent sur les périodes
récentes de l'histoire québécoise. C'est ce qui explique que, en propor-
tion du passé couvert par notre essai, plus de pages ont été consacrées
aux cinquante dernières années du XXe siècle, dont la présence et la
mémoire restent fortes dans l'actualité du Québec, qu'aux époques antérieures de l'aventure québécoise. En finale du livre, dans un chapitre

intitulé « Horizon », nous offrons quelques pistes et repères pour saisir le Québec dans sa présente mouvance.

Notre récit ne s'organise pas suivant une vision national(ist)e du destin des sociétés. Il ne reprend pas non plus la posture mélancolique de bien des penseurs réfléchissant sur la condition québécoise. La perspective que nous préconisons est celle plutôt d'une collectivité qui, jusqu'à maintenant, s'est édifiée dans les lieux francs et ambigus de l'aventure canadienne dont elle a été à l'origine et qu'elle continue de marquer profondément. Construisant son identité dans un environnement difficile et changeant, orientant son devenir à partir des pôles contigus et opposés qu'ont ensemble constitués l'autochtonité, l'européanité, l'américanité et la canadianité, la collectivité québécoise s'est bâtie en tirant profit des ouvertures que l'histoire créait devant elle tout en se ménageant aussi, par l'action politique de ses habitants, des brèches dans cette histoire. En tant qu'expression du parcours historique original d'une collectivité, la québécité s'est ainsi formée au carrefour des tensions incompressibles entre l'appel de la refondation et le souci de la tradition, entre le désir de la collaboration et la volonté d'autonomisation, entre l'attrait de l'altérité et le ressourcement dans l'identité. Être avec et contre l'autre envisagé comme adversaire et partenaire, dans l'ici et dans l'ailleurs en même temps, en évitant l'embrigadement dans « le dehors » et dans « le dedans » tout à la fois, tel est ce qui, d'hier à aujourd'hui, a principalement défini la condition québécoise. Celui qui veut saisir l'expérience québécoise du monde ne doit pas être effrayé devant les réalités paradoxales ou équivoques qui forment depuis toujours la matière vivante de cette société.

Précisons enfin que par « Québécois » nous entendons l'ensemble de ceux et celles qui, ayant habité cet espace d'interrelations que l'on appelle maintenant le Québec, ont, à leur manière et dans des perspectives variées, contribué à construire la société québécoise selon des modalités à l'égard desquelles le narrateur que nous sommes n'a pas à porter de jugement. Lorsque nous employons le terme « Québécois », nous ne référons donc pas aux seuls francophones, mais à tous ceux qui ont investi, dans l'édification historique de cette société, leurs labeurs et leurs aspirations.

1

Fondation ?

Il est fréquent pour les discoureurs publics, parfois pour les scientifiques, d'offrir aux pays des débuts reluisants et de leur donner des fondations solides qui initialisent avec bonheur leur avènement dans l'histoire du monde. À l'instar de bien d'autres collectivités émergentes, pareil récit de matines glorieuses est inapproprié pour le Québec qui, à l'époque de la Nouvelle-France, se fait appeler Canada et englobe ordinairement la vallée laurentienne depuis Tadoussac jusqu'à l'Outaouais. Voilà en effet une société qui s'édifie dans l'incertitude, l'écartèlement et la difficulté d'être et d'avancer. Son parcours premier témoigne du fait qu'elle est impulsée par une mère patrie qui, par manque de volonté ou de moyen, de constance ou de confiance envers l'avenir économique de sa rejetonne, a du mal à lui procurer ce dont elle a besoin pour s'épanouir. C'est par elle-même surtout que la colonie canadienne construit son destin particulier en profitant des ressources et en se mesurant aux défis des cadres naturels, des milieux humains et des environnements politiques complexes dans lesquels elle est projetée et se déploie.

Revers de fortune

À l'encontre de la vision que conservent la majorité des Québécois de l'époque de la Nouvelle-France, soit une espèce d'âge d'or où tous les rêves sont permis, l'entreprise coloniale française dans la vallée du Saint-Laurent s'avère pleine de difficultés, voire d'échecs, pour ses visionnaires et ses promoteurs européens. Au même titre que le grand « empire » français d'Amérique est un colosse aux pieds d'argile, le Canada se révèle une *abitation* aux murs fragiles.

Soumise aux tutelles mercantiles de la métropole, faible d'une population peu nombreuse et clairsemée, hésitante entre le pôle de l'agriculture et celui du commerce, orientée et dirigée par des administrateurs souvent cupides et querelleurs, la colonie s'élève en effet comme un foyer désarticulé dans ses fondements. Isolée du commerce atlantique six mois par année à cause de l'hiver et souffrant pendant longtemps d'un déséquilibre des sexes au sein de son peuplement, la possession française du Canada n'est pas mue par un élan comparable à celui qui caractérise le développement des colonies de la Nouvelle-Angleterre, par exemple. L'absence d'une gouvernance arrimée aux besoins locaux ajoute à ses maux qui font qu'elle décolle mal ou ne décolle pas. Même Jean Talon, responsable à titre d'intendant nommé par le roi en 1665 de la réorganisation de la colonie en vue de sa croissance contrôlée, n'arrive pas à modifier la trajectoire incertaine, languissante jusque tard au XVIIe siècle, d'un « pays » quelque part écarté entre ses ambitions et ses possibilités. À côté d'une administration directive mais éloignée des gens, il n'est que l'Église catholique qui, dans le contexte du réveil religieux et de l'utopisme missionnaire qui caractérisent l'Occident chrétien à partir du XVIe siècle, s'érige comme un pôle référentiel relativement fort. Par la personne du curé, l'Église offre en effet, à une société qui se bâtit « par le bas », dans ces espaces de solidarité primaire que sont la famille, le voisinage, le rang ou la paroisse, un ensemble de repères apaisants. Cela dit, l'Église n'est pas omniprésente dans la société. Manquant de personnel clérical et de lieux de culte hors des centres urbains, elle ne peut prétendre à l'encadrement efficace des populations. C'est ce qui fait que la pratique religieuse des fidèles s'exerce parfois sur des modes spontanés et dans une certaine tiédeur par rapport aux prescriptions ecclésiastiques.

Sur le plan matériel, la population vit de manière assez simple, mais dans la sérénité. Régie par les lois de la Coutume de Paris, elle se conforme aux traditions civiles de l'Ancien Régime en les adaptant aux circonstances du Nouveau Monde. Si la mentalité nobiliaire et le principe d'honneur restent forts, la pratique du mariage connaît bien des altérations. De manière générale, les formes de la stratification sociale qui prédominent dans la colonie se rapprochent de celles qui prévalent en France. Elles sont toutefois moins hiérarchiques et, surtout, moins nettement déterminées par l'héritage du titre. Chez les habitants, hommes et femmes œuvrent communément, mais différemment, à la reproduction de la famille comme unité économique, dans le cadre d'une structure patriarcale peu changée par rapport à celle qui existe en France. La nature particulière du régime seigneurial en vigueur au Canada et la présence de coureurs de bois impriment par ailleurs un pli original à cette société qui cherche sa voie entre l'européanité et l'américanité, entre ses anciens héritages et ses nouveaux horizons, dans une espèce de désordre inventif, voire de débrouillardise rebelle, qui heurtent bien des métropolitains un peu déroutés devant ce qu'ils observent chez une population qu'ils dédaignent, plaignent et envient tout à la fois.

Naissance d'un groupement par référence

Malgré son insuccès relatif, l'entreprise coloniale française produit un fruit qui mûrit avec le temps et qui constitue un sédiment sur lequel s'édifie l'histoire à venir.

Dans la vallée du Saint-Laurent s'implante en effet une population d'origine française qui forme société et qui, dans le dernier tiers du XVIIe siècle, commence à se reconnaître et à se définir comme étant différente des Français de la métropole, au point de recourir à un ethnonyme particulier, celui de Canadien, pour se nommer. Progressivement, cette population se construit un imaginaire, une culture et une identité qui conjuguent, dans un syncrétisme original, des pratiques et des références françaises et canadiennes, ces dernières puisant beaucoup au monde amérindien. À l'époque du Régime français, cette identité en formation ne s'exprime pas sur un mode exclusif ou politiquement affirmé. Il faut dire que l'absence de journaux et d'imprimeries au Canada n'aide pas à la diffusion de références communes parmi les gens du pays ni ne contribue chez eux à l'éveil d'un sentiment politique puissant. Si les habitants de la vallée du Saint-Laurent composent une société empirique très homogène du point de vue de la religion et de la langue — ce qui ne veut pas dire que cette société soit seulement constituée de Français catholiques, au contraire —, l'intégration du groupement ne va pas beaucoup plus loin sur le plan symbolique. Nulle présence en effet d'un grand imaginaire de convergence ou d'une

La nature particulière du régime seigneurial en vigueur au Canada et la présence de coureurs de bois impriment un pli original à cette société qui cherche sa voie entre l'européanité et l'américanité.

9

conscience collective accusée. Ce n'est qu'après la Conquête que se cristallisent, chez les Canadiens, de telles représentations globales fortes.

Il est, malgré l'échec du projet colonial français à bien des égards, une deuxième conséquence majeure à cette entreprise : un espace, d'abord vierge de présence non autochtone et très faiblement mis en valeur, commence à être aménagé en un territoire balisé et exploité à la manière européenne. Il faut imaginer la difficulté et l'énormité de la tâche des premiers colons et administrateurs pour « ouvrir » ce pays à la géomorphologie méconnue et au climat hostile. Ce n'est pas avant le début du XVIIIe siècle que la vallée du Saint-Laurent, tachetée de villages embryonnaires le long du fleuve et dominée par trois « cités » administratives qui accueillent chacune un gouvernement — Québec, Montréal et Trois-Rivières —, donne l'impression d'être habitée et possédée par les Européens. La mainmise de la France sur le territoire qu'elle prétend dominer au-delà de la vallée du Saint-Laurent est d'ailleurs toute relative. Les conflits avec les Amérindiens, que vient en partie régler la Grande paix de Montréal conclue en 1701, sont fréquents. Il en est de même avec les Anglais. L'insécurité, parfois la violence, ponctuent le quotidien des habitants de la colonie qui, tout en appréciant la paix, n'hésitent pas à participer à des opérations de guerre éclair. Il faut dire que la pratique du raid audacieux, même revanchard, contre l'ennemi rejoint le désir de gloire rapide et l'esprit belliqueux ou hardi de bien des jeunes aventuriers à l'époque. Les aléas du commerce transatlantique et la rareté relative des biens, pour ne rien dire de celle du numéraire, obligent par ailleurs les administrateurs et les habitants à faire avec les contingences de la vie — une situation qui ne tranche pas toutefois avec celle que connaissent les autres colonies d'Amérique du Nord. Dans cet univers menaçant où l'imprévisibilité est grande et le besoin de protection constant, les ordres religieux et la milice armée — une institution importante au Canada — répondent à des besoins sincères d'assurance spirituelle et de sécurité matérielle au sein de la population.

La place des Amérindiens

Bien qu'habitée ou visitée par des groupements amérindiens, la vallée du Saint-Laurent est graduellement soumise aux logiques économiques et politiques des « envahisseurs ». C'est en effet comme société européenne que s'élève la société canadienne dans le pays laurentien. Si la traite des fourrures s'arrime à l'économie autochtone bien plus qu'elle la bouleverse, et si, au départ tout au moins, les Amérindiens jouent un rôle déterminant dans l'établissement des Français au Canada, ils sont, au fur et à mesure que les Européens s'installent sur le territoire américain et maîtrisent la donne locale, relégués à des rôles subordonnés dans un monde qui s'édifie sous la direction générale des Blancs et se structure en fonction de leur bénéfice ultime. Les destructions causées par la dissémination de maladies infectieuses au sein des communautés amérindiennes diminuent d'ailleurs grandement la résistance des Autochtones face aux arrivants d'outre-mer.

À n'en pas douter, les Européens empruntent largement aux Amérindiens qui tirent aussi profit, aux fins de leurs propres desseins, des transactions qu'ils effectuent avec les Blancs et des alliances qu'ils nouent avec eux. Il est clair que la canadianité naissante, qui repose sur des côtoiements abondants et sur des transferts culturels avantageux pour les parties impliquées dans la dynamique des échanges matériels et symboliques, comporte des traits marqués d'autochtonité. Bien que, à l'encontre de ce qui survient dans le Pays d'en haut, les mariages mixtes et le métissage culturel ne soient pas la norme dans la vallée du Saint-Laurent, l'influence amérindienne est amplement visible dans la colonie. Elle se manifeste dans les habitudes de vie, les références et les croyances, les pratiques culturelles et l'imaginaire des habitants du pays. Dans l'économie politique du système atlantique et du monde colonial nord-américain auxquels ils sont incorporés, les Amérindiens occupent toutefois un ensemble de positions subalternes. Ils sont pourvoyeurs de ressources primaires, alliés militaires, âmes à sauver grâce à l'entreprise évangélique des missionnaires, personnages exotiques et intrigants, ou ils sont ennemis. En pratique, les Amérindiens sont appréciés ou tolérés dans le décor tant que l'économie coloniale profite — allègrement ou moins fortement — de la traite des fourrures, c'est-à-dire jusque vers la fin du xviiie siècle environ. Dès que l'économie fondée sur le bois et que, a fortiori, l'économie industrielle prennent leur essor au xixe siècle, les Autochtones deviennent moins «utiles». Ils sont marginalisés et réduits à tous les points de vue. C'est ainsi qu'un capital initial de réciprocité avantageuse entre deux grands types de cultures s'étiole dans le destin univoque imposé au pays par une seule culture.

Fin de régime

Au moment où les Britanniques entreprennent de s'emparer de la Nouvelle-France en attaquant son cœur et en y mettant toute la force de frappe nécessaire, le Canada est une colonie fragile dont la stabilité dépend largement des faveurs royales et des transferts en espèces provenant de la métropole. Sur le plan économique, la vulnérabilité l'assiège déjà : sa base manufacturière est faible et peu diversifiée, ses finances publiques sont inconstantes, sa position dans le commerce atlantique décline et sa classe d'affaires, formée à moitié de marchands français appelés forains ou pacotilleurs, est durement touchée par la guerre qui oppose la France à sa rivale d'outre-Manche. Sur le plan de la structuration du territoire, le réseau urbain est mollement lié, l'espace économique est désintégré et les villages, où les cultivateurs pratiquent une agriculture d'autosubsistance qui n'est toutefois pas autarcique, sont souvent isolés. Sur le plan social, la majorité des habitants sont illettrés — comme en France d'ailleurs — et ont peu de chance de s'élever dans l'échelle des statuts et des fonctions. En fait, la masse des gens, y compris la roture aisée, est plutôt méprisée par l'élite — française en particulier — qui éconduit fréquemment ses demandes pour améliorer son sort. À la campagne, les rapports entre les seigneurs et les habitants sont aussi marqués par les tensions ; cela dit, les litiges à survenir entraînent rarement la révolte de ceux qui, même engagés, domestiques ou esclaves, subissent la brimade des dominants. Sur le plan culturel, les membres de la haute société tentent de reproduire, avec moins de lustre mais avec un désir tout aussi grand de distinction sociale à l'égard du « bas peuple », la vie mondaine qui a cours dans la métropole. La population régénère quant à elle son patrimoine culturel, y compris sur le plan du vocabulaire, au contact des milieux humains et naturels qui l'entourent et qu'elle fréquente assidûment. L'oralité est son mode privilégié de transmission culturelle.

Au chapitre de l'identité, les Canadiens s'élèvent dans une sorte d'entrelacs formés de références et de figures identitaires que l'on pourrait considérer comme étant antinomiques, mais qui sont envisagées par eux sur un mode complémentaire : l'enracinement et la mobilité, l'agriculture et la course des bois, la vallée du Saint-Laurent et l'appel des grands espaces, la paroisse et la sauvagerie, la France et le Canada, la mère patrie et le nouveau pays, la francité et l'américanité, le repli et l'initiative, la tradition et l'envie d'étrangeté, la fidélité à l'héritage et le désir de refondation, la volonté de s'autonomiser et le refus d'être excentré. Dans le cadre de cette ambivalence ouverte sur le passé et l'avenir, sur le soi et l'autre, et sur l'ici et l'ailleurs, les Canadiens se fabriquent une identité qui forme la base d'une autoreprésentation qui n'a pas disparu chez une majorité de Québécois aujourd'hui.

Au chapitre de l'identité, les Canadiens s'élèvent dans une sorte d'entrelacs formés de références et de figures identitaires que l'on pourrait considérer comme étant antinomiques, mais qui sont envisagées par eux sur un mode complémentaire.

Alors que se dessine, vers le milieu du XVIIIe siècle, l'éventualité d'un affrontement culminant entre la France et la Grande-Bretagne en Amérique du Nord, les Canadiens ne sont ni en attente d'une défaite ni en appétence d'être dominés par une puissance ennemie. Si tant est qu'ils en imaginent le scénario, la perspective que la Nouvelle-France soit cédée à l'Angleterre, terre d'élection du protestantisme et rivale honnie depuis des lustres, les rebute au contraire. Dans la tourmente politique et militaire qui marque l'Amérique du Nord à l'époque de la guerre de Sept Ans, il ne fait aucun doute en effet que la loyauté des Canadiens va à la France. Si la population locale est canadienne d'adoption, elle demeure française d'inclination. On peut toutefois penser que l'incertitude inhérente à la guerre et que les conditions attachées au règlement du conflit s'envenimant, par les destructions qu'elles occasionnent souvent et les humiliations qu'elles infligent parfois aux populations vaincues, inquiètent davantage les habitants du pays que la possibilité de perdre les bienfaits d'une bonne fortune originelle et d'une stabilité de condition ou d'horizon qu'ils n'ont pas beaucoup connues au temps de l'absolutisme français.

Carte de Noël signée par monsieur Édouard Marcotte, président de la Société Nationale Samuel-de-Champlain.

Habitation de Champlain. *Reproduction d'un tableau de W. H. Sadd, non daté, Canada ; encre, carton, 15,1 × 17,9 cm. (Musée de la civilisation, dépôt du Séminaire de Québec. 1993.15886)*

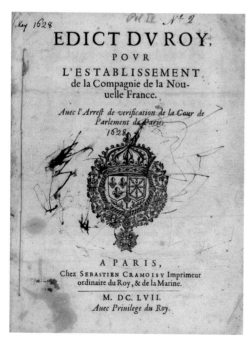

La Compagnie de la Nouvelle-France était aussi appelée la compagnie des Cent-Associés.

Edict du roi pour l'établissement de la Compagnie de la Nouvelle-France, Parlement de Paris, 1628. (*Musée de la civilisation, fonds d'archives du Séminaire de Québec, polygraphie 4, no 2*)

Coureurs des bois, 1882. Estampe, publiée dans G. M. Grant, ed., Picturesque Canada, vol. I, Toronto, 1882, p. 306. (Archives nationales du Canada, C-082972)

Carte de la Nouvelle-France... établie par Samuel de Champlain, 1632.

Carte de la nouvelle france, augmentée depuis la derniere, servant à la navigation faicte en son vray Meridien, par le Sr. de Champlain Capitaine pour le Roy en la Marine (détail). (Musée de la civilisation, fonds d'archives du Séminaire de Québec, O-3)

Photographie reproduisant la peinture qui se trouve dans
la Salle du Conseil législatif à Québec, et qui représente
l'ouverture du Conseil souverain à Québec en 1663.

Le Conseil souverain. *Charles Huot, 1926-1930 ; huile sur toile
marouflée, 3,9 × 8,7 m (photographie). (Musée de la civilisation, dépôt
du Séminaire de Québec, 1993.15379)*

Fontaine
de Louis Hébert, 1617.
*(Musée Bon-Pasteur,
b.2000.732.1-2)*

Premier monastère des Ursulines de Québec, vers 1840.
*Attribué à l'abbé Thomas Maguire, ébauche pour le tableau
de Joseph Légaré ; encre, graphite sur papier, 33,2 × 29,8 cm.
(Musée de la civilisation, dépôt du Séminaire de Québec,
1993.15071)*

L'arrivée des Filles du Roi à Québec.
Arthur E. Elias, non daté ; aquarelle, 25,4 × 31,9 cm.
(Canadian Heritage Gallery,
www.canadianheritage.ca, ID # 10100,
Archives nationales du Canada, C-29486)

Chape offerte par Louis XIV
à Monseigneur de Saint-Vallier et portant
les armoiries du roi de France et de Navarre.

Chape, vers 1704 ; soie, lin, coton, métal, or, argent.
(Donation : Musée de la civilisation, dépôt de la
Fabrique Notre-Dame de Québec, 97-1-8)

Radisson et Des Groseillers établissant le commerce des fourrures dans le Nord-Ouest, 1662.
Archibald Bruce Stapleton (1917-1950) ; peinture, XXᵉ siècle.
(Musée McCord d'histoire canadienne, Montréal, M993.154.313)

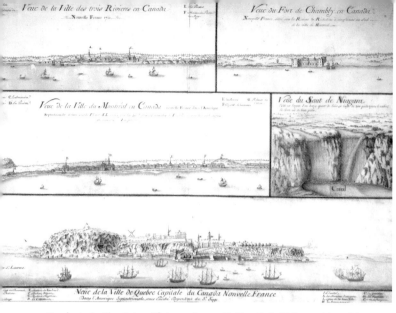

Vue des trois villes de la vallée laurentienne : Québec, Trois-Rivières et Montréal.

Veue de la ville des Trois Rivières en Canada, Nouvelle France, 1721 ; Veue du Fort de Chambly en Canada... au sud de la ville de Montreal ; Veue de la ville du Montréal en Canada ; Veue du saut de Niagara ; Veue de la ville de Quebec, capitale du Canada, Nouvelle France, 1721. (The Newberry Library, Chicago, Illinois, États-Unis, NL000515)

Signatures des chefs iroquois, outaouais, hurons, abénaquis, algonquins, sauteux, etc. sous forme de dessins représentant l'animal totémique de leur tribu.

Signatures totémiques, Traité de la grande paix de Montréal de 1701. (Centre des archives d'outre-mer (CAOM) Aix-en-Provence (France), Colonies C11A 19, f. 43. Tous droits réservés)

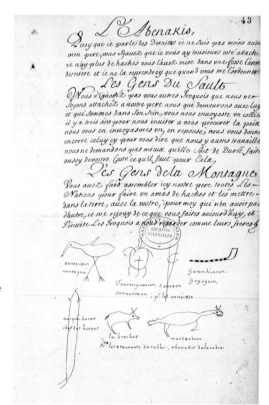

La Vérendrye, Canada's
Farthest West, 1732.
John Innes vers 1920-
1935 ; huile sur canevas,
87,6 × 113 cm. (Don de
W.E. Gale, Vancouver,
C.B., Archives nationales
du Canada, C-146611)

C'est en 1734 que l'on débute la production de fonte et de fer forgé aux forges
du Saint-Maurice.

Les forges du Saint-Maurice, lithographie, 1832. (The British Dominions in North America
de Joseph Bouchette Jr, Londres, Canadian Heritage Gallery, www.canadianheritage.ca, ID # 10130,
Archives nationales du Canada, C-4356)

Illustration d'une scène
de traite. *Gravure réalisée*
par William Fadden, 1777, dans
A Map of the Inhabited Part
of Canada from the French
Surveys, *de Claude Joseph*
Sauthier. (Archives nationales
du Canada, C-007300)

Vieux moulin à vent à Verchères. *Anonyme ; photographie, plaque sèche à la gélatine, 1915, 20 × 25 cm. (View - 15252.0, Musée McCord d'histoire canadienne, Montréal)*

Chope offerte au grand chef Nicolas Vincent Tsaouenhohoui en 1825, lors du séjour qu'il fit à Londres pour rétablir les droits territoriaux de sa nation.

Chope. Grande-Bretagne, 1825 ; *céramique, porcelaine 13,5 × 11,8 cm. (Musée de la civilisation, 59-15 ; Photo : Idra Labrie)*

Vue de la ville de Québec, de la citadelle et des fortifications tout au haut du cap Diamant, à partir des hauteurs situées sur la rive opposée du fleuve, vers 1875 (détail). *James Peachey ; aquarelle, encre et crayon sur papier, 39,1 × 65,4 cm. (Archives nationales du Canada, C-002029)*

2

Bifurcation

L E PASSAGE DU RÉGIME FRANÇAIS au Régime anglais marque, pour la population établie en Canada, la fin d'une époque et le début d'une nouvelle phase historique. À l'encontre d'une idée reçue, la Conquête n'impose pas un destin univoque, sorte de recalage généralisé, à l'ancienne colonie française d'Amérique. Si la Conquête entraîne des régressions pour les Canadiens, par exemple au chapitre de l'imaginaire du territoire et de la prétention des anciennes élites à dominer la société, elle leur ouvre aussi des avenues. Pour différentes raisons qui tiennent à la lucidité politique des protagonistes, Britanniques et Canadiens ajustent par ailleurs leurs ambitions respectives à la donne de l'autre. C'est ainsi que, bifurquant, une société se relève, se restructure et (re)commence à fonctionner dans le cadre d'une dynamique politique souvent ambiguë entre les conquérants et les conquis, ni les Britanniques ni les Canadiens ne pouvant ou ne voulant assumer les rôles typés — celui de gagnants ou celui de perdants — que le dénouement de la fameuse bataille des Plaines d'Abraham leur avait apparemment attribués.

Une nouvelle ère

Il faut prendre la mesure exacte de ce que signifie l'arrivée des Britanniques en Canada. Avec la Cession et la Proclamation royale de 1763, l'ancienne colonie française est rien de moins qu'intégrée à l'espace-temps de la britannicité. Or ce passage ne marque pas un simple changement de garde métropolitaine. Politiquement stable, la Grande-Bretagne est en effet, dans la deuxième moitié du XVIIIᵉ siècle, une puissance militaire affirmée et redoutée. Tirant son élan d'une révolution industrielle déjà enclenchée dans les Midlands et ailleurs sur son territoire, elle est en voie de devenir le centre économique de la planète et l'un des lieux principaux où se produit l'innovation technologique. C'est en Grande-Bretagne que sont notamment définies les règles et les normes de la société industrielle, bourgeoise et libérale qui, dans le monde occidental, émerge avec ses vices et ses vertus. Riches de capitaux accumulés, les entrepreneurs et financiers britanniques disposent pour leur part de fonds considérables à investir. Ils sont à la tête de maisons de commerce dont les réseaux couvrent une grande partie du globe.

Par rapport à l'ancienne métropole française, hésitante et inconstante envers sa colonie, la nouvelle métropole britannique, une fois prise sa décision de conserver le territoire acquis, entreprend d'en exploiter le potentiel économique et politique aux fins d'exercer son hégémonie des deux côtés de l'Atlantique, voire plus largement. Avec la Conquête, le Canada — rebaptisé Province de Québec — devient un pion dans la stratégie d'expansion mondiale de la Grande-Bretagne. Il s'agit toutefois d'un pion que la conjoncture politique délicate du dernier tiers du XVIIIe siècle, tant en Europe qu'en Amérique du Nord, oblige à jouer avec soin.

Canadiens et Britanniques

Si les Conquérants envisagent au départ d'intégrer, voire d'assimiler les Canadiens à la civilisation qu'ils estiment être la plus évoluée du monde, la réaction des intéressés, couplée à d'autres facteurs d'ordre international, notamment l'agitation qui secoue les colonies américaines, modère la ferveur des Britanniques. Plutôt que de rester passive face à la nouvelle situation dans laquelle elle se voit placée, l'élite canadienne, désireuse de préserver son statut, ses privilèges et son ascendant sur les masses populaires, réagit en effet de manière à protéger l'intégrité identitaire du groupement canadien aux chapitres de la religion, des lois civiles et de la langue surtout.

Sur le plan politique, les années 1760 marquent le début d'une démarche d'affirmation des élites canadiennes pour s'épanouir dans le cadre d'une société où il leur faut batailler pour maintenir leur position ou pour avancer. Dès le départ, cette lutte désaccorde toutefois les membres de cette élite selon que leurs intérêts économiques et politiques sont antinomiques ou complices de ceux des Britanniques. De manière générale, l'administration coloniale cherche à obtenir, en maniant la carotte et le bâton à l'égard de chacune des parties en présence — les « anciens » ou les « nouveaux » sujets, les loyalistes ou les réformistes —, un *modus vivendi* qui soit compatible avec les exigences supérieures du projet colonial. Or cette situation crée une dynamique politique complexe et variable dans la colonie qui apporte aux factions rivales, selon leurs inclinations, allégeances ou aspirations, des avantages ou des inconvénients. Il est ainsi des réformes du régime qui sont notoirement favorables à la cause générale des Canadiens sur le plan identitaire — celles par exemple que l'administration britannique met de l'avant dans la foulée de l'Acte de Québec en 1774. D'autres par contre, conditionnées par l'évolution rapide des rapports de force politiques au Canada, semblent moins clémentes. C'est le cas de l'Acte constitutionnel de 1791 qui divise le grand territoire de la province de Québec en deux entités équivalentes du point de vue de l'importance politique et qui cantonne les francophones à un espace géographique — le Bas-Canada — au creux duquel on espère qu'ils s'aplatiront avec le temps[1].

En fait, malgré certaines ouvertures à l'endroit des Canadiens, le pouvoir colonial n'a de cesse, à partir des années 1790 surtout, de vouloir circonscrire les ambitions d'une population nombreuse et demandeuse qui, grâce à l'action de ses élites réformistes, use avec beaucoup de finesse des droits civils et politiques qu'elle détient par suite de son assujettissement à la Couronne. À cet égard, la Constitution de 1791 inaugure une donne politique paradoxale. Elle produit une situation ambiguë où les Canadiens, bien que contraints dans leurs revendications par la réalité du pouvoir colonial incarné dans l'existence d'un Conseil législatif et d'un Conseil exécutif aux membres nommés par Londres, peuvent canaliser leurs doléances par une voie politique acceptable dans le cadre de la tradition parlementaire britannique, celle que leur offre la Chambre d'assemblée. La députation francophone qui siège à l'Assemblée du Bas-Canada permet ainsi aux Canadiens, qui disposent avec la Constitution de 1791 d'un territoire politique où ils sont majoritaires et qu'ils considèrent comme leur foyer, d'exprimer leurs dissensions et de formuler des demandes pertinentes à leur cause — laquelle n'est d'ailleurs pas étrangère à celle qui remue aussi des réformistes

---

1. Dans ce chapitre, l'emploi des termes « francophone » et « anglophone » est anachronique par rapport aux usages du temps. Nous n'y avons pas recours pour référer à quelque identité d'époque, mais seulement pour désigner les personnes dont la langue est le français ou l'anglais.

anglophones. Il va sans dire qu'avec le temps, l'action politique des Canadiens au parlement nourrit leur conscience politique. À tel point que la «cause canadienne» devient un facteur de ralliement pour tous ceux qui, appartenant aux cercles élitaires ou provenant des milieux populaires, se réclament d'une volonté de changement au Bas-Canada. C'est ainsi qu'émerge dans l'espace politique colonial, parmi d'autres références et figures identitaires bien sûr, le Sujet collectif canadien comme acteur de l'histoire conscient de lui-même dans l'histoire.

Ce principe de cohabitation avec et contre l'autre apparait aux Canadiens comme un moyen de parer simultanément deux périls qu'ils abominent : celui de l'assimilation (être inclus dans un tout) et celui de l'excentration (être séparés d'un ensemble).

De manière générale, les réclamations des Canadiens — variées et rarement unanimes chez leurs tenants — tournent autour de l'obtention de droits juridiques ou politiques accrus pour s'épanouir dans le nouveau régime, et ce, sans aliéner leur patrimoine identitaire. Elles visent aussi à corriger les excès du pouvoir colonial dans l'exercice de sa gouvernance locale, au chapitre notamment de l'utilisation des subsides et de la dépense des budgets. Elles ont enfin pour objectif de permettre aux marchands canadiens de participer davantage à la vie économique de la colonie qui, sous ses facettes les plus lucratives, passe aux mains d'anglophones d'origine britannique ou américaine à mesure que décline le XVIIIᵉ siècle.

Dans les revendications des Canadiens, il ne faut voir aucune remise en cause de leur condition fondamentale de sujet britannique. La loyauté qu'ils affichent envers la Couronne, pragmatique et opportuniste plutôt qu'exubérante et inconditionnelle, découle de la lucidité dont ils font preuve à l'égard de la situation politique prévalant en Amérique du Nord et du pari qu'ils engagent sur l'avenir. Ce pari est celui de s'élever comme groupement distinct à l'intérieur d'un grand ensemble — l'Empire — en tablant sur les avantages de cette liaison et en évitant ses contraintes. Ce principe de cohabitation avec et contre l'autre apparaît aux Canadiens comme un moyen de parer simultanément deux périls qu'ils abominent : celui de l'assimilation (être inclus dans un tout) et celui de l'excentration (être séparés d'un ensemble). La nature ambivalente du rapport que les Canadiens entretiennent avec le pouvoir britannique tient à la gamme limitée des options politiques qui s'offrent à eux dans le cadre d'un système colonial que Londres veut bien réformer dans ses modalités d'exercice, mais non pas déformer dans sa nature. Cette façon pour les Canadiens de se situer dans le double lieu et lien du soi et de l'autre, de l'ici et du là, constitue le fondement d'une pratique politique qui inspire encore bien des Québécois aujourd'hui.

Interdépendance contrainte

Dans la province de Québec de la fin du XVIIIe siècle, la vie quotidienne commande aux acteurs de faire avec les situations qui surviennent. S'il est vrai de dire qu'il y a, entre les nouveaux et les anciens sujets de Sa Majesté, des oppositions flagrantes au chapitre de leurs intérêts objectifs dans l'administration et l'aménagement général de la colonie (mais des différends existent aussi, à l'intérieur de chacun de ces deux groupes génériques, entre aristocrates et bourgeois, réformistes et radicaux, tories et libéraux, au sujet de questions d'ordre politique, économique ou social), la dure réalité des travaux et des jours multiplie les contextes où il leur faut interagir. Cette fréquentation prend plusieurs aspects. Elle va du voisinage courtois au mariage mixte en passant par l'échange matériel et culturel qui n'exclut pas, à la longue, des processus d'assimilation réciproque. Dans la dynamique des échanges interethniques qui façonnent la société canadienne à l'époque, les Amérindiens jouent de leur côté un rôle de plus en plus effacé, exclus qu'ils sont, à toutes fins utiles, du corps social et politique.

Sur le plan économique, le changement de métropole favorise en quelques décennies la prédominance des marchands et des négociants britanniques sur leurs concurrents français et canadiens, dans le secteur de l'import-export surtout. Le commerce de la colonie, qui se réoriente autour de l'expédition de bois équarri à la suite du blocus napoléonien de 1806, est dominé par le capital anglo-canadien qui fait de Québec et Montréal ses principales places d'affaires. L'économie du bois amène d'ailleurs des modifications notables au chapitre de la structuration de la société canadienne. Elle accentue en son sein les différenciations sociales à caractères ethnique et religieux. Dans cette nouvelle économie, les Canadiens qui ne s'activent pas aux travaux des champs accaparent une large part des emplois d'ouvriers et de journaliers. Au sein des entreprises, particulièrement les plus grandes, les fonctions d'intendance et de supervision reviennent souvent aux anglophones. Cette division du travail dans le monde de la production économique sera longue à casser.

Cela dit, la stratification socioéconomique qui marque le Bas-Canada n'est pas binaire, mais multipolaire. Si les Canadiens ont des intérêts communs à promouvoir au sein de la Chambre d'assemblée, ils n'existent pas ni ne s'activent sur le mode d'une grande «classe ethnique». Au-delà des divergences politiques qui l'habitent, le «monde francophone» est en effet traversé, en ville comme à la campagne, par des inégalités de revenu et de niveau de vie ainsi que par des distinctions de statut et de paraître social qui rendent ses habitants irréductibles à un même type identitaire ou politique. Entre les seigneurs, les notables, les membres des professions libérales et certains gros fermiers, d'une part, et les petits cultivateurs, les manœuvres, les employés et les travailleurs non qualifiés, d'autre part, il existe des écarts de richesse matérielle et d'envergure symbolique considérables.

Une dynamique semblable de différenciation socioéconomique se manifeste au sein du «monde anglophone» à mesure qu'il accroît et diversifie sa base démographique. Ainsi, l'arrivée massive d'immigrants anglais, écossais et irlandais — rejetons pauvres de la révolution industrielle dans les îles britanniques — élargit singulièrement, à partir de 1815, le prolétariat urbain de langue anglaise à Québec et à Montréal. Entre les grands entrepreneurs anglo-canadiens qui occupent les belles résidences des quartiers chics et l'immense majorité de leurs concitoyens de langue anglaise, la différence de ressources et d'opulence est également énorme. En pratique, le tissu social bas-canadien est marqué par une panoplie de destins personnels qui n'ont pas à voir nécessairement avec l'appartenance ethnique ou religieuse des individus. Malgré tout, au chapitre politique comme au chapitre économique (sauf dans le domaine de l'activité foncière), la minorité anglophone dispose du pouvoir effectif et tient le haut du pavé, ce qui n'empêche pas les francophones d'être visibles et actifs dans les méandres de l'économie locale ainsi que dans l'univers valorisé des professions libérales.

Sur le plan culturel, l'installation des Britanniques dans la province de Québec amène des effets majeurs et régénérateurs sur la société canadienne. En même temps qu'il y a résistance des Canadiens face à certaines dimensions du processus d'envahissement qu'ils subissent, il y a assimilation et incorporation, à leur répertoire de références culturelles et identitaires, d'autres dimensions apportées par les Britanniques. L'institution de l'*habeas corpus*, le régime anglais des lois criminelles, le système parlementaire et la liberté de presse sont autant de constituantes de la britannicité qui sont vues comme des marques d'amélioration, sinon d'avancement, par les Canadiens. Il en est de même de la mise sur pied d'un service postal, de l'instauration d'un mode de tenure des terres concurrent au régime seigneurial (le franc et commun socage), du prêt à intérêt et de l'ouverture d'une première bibliothèque publique à Québec en 1783. Le changement de métropole entraîne d'autres transformations moins fondamentales, mais néanmoins importantes pour les Canadiens, aux chapitres de leur régime alimentaire, de leurs pratiques agricoles, de l'âge leur majorité qui passe de 25 à 21 ans, du système de poids et mesures qu'ils emploient, de leur calendrier annuel de travail (diminution du nombre de jours chômés), de leurs techniques de construction et de leur ouverture aux nouvelles idées qui germent ici ou là dans le monde britannique, voire dans l'univers anglo-américain. Par son intégration à l'Empire britannique — et sa contiguïté des États-Unis —, l'ancienne colonie française d'Amérique est mise en contact avec une diversité d'horizons qui aère ses habitudes et altère ses traditions.

Évidemment, les transferts culturels entre Britanniques et Canadiens ne sont pas à sens unique. La britannicité prend aussi à la canadianité ambiante. Ces emprunts sont d'ordre culinaire, vernaculaire, vestimentaire, ludique et festif surtout. Le droit civil en usage chez les Canadiens influence aussi beaucoup les mœurs juridiques des Britanniques. Ainsi se reconstituent les cultures : dans l'échange continuel avec d'autres cultures. En fait, sans se liquider comme fiduciaires de religions et de patrimoines différents, les anglophones et les francophones — réformistes ou loyaux — engendrent, dans le concert consonant et dissonant de leurs relations recherchées ou forcées, une société et une culture canadiennes à double inspiration et expression qui traduit la forme que prend leur cohabitation dans l'espace physique et symbolique de la colonie : celle d'une interdépendance contrainte.

Par son intégration à l'Empire britannique — et sa contiguïté des États-Unis —, l'ancienne colonie française d'Amérique est mise en contact avec une diversité d'horizons qui aère ses habitudes et altère ses traditions.

Quête d'affirmation

De la Cession aux années 1830, les Canadiens, emportés par la frange réformiste de leurs élites qui veulent aussi améliorer leur sort particulier, entreprennent de poser les conditions propices à leur avancement collectif en même temps que celui de la société où ils sont majoritaires. Leur but est de transformer le système colonial sans aliéner le capital de sympathie que leur cause obtient en certains milieux d'Amérique et d'Europe, y compris en Grande-Bretagne. Pragmatique et raisonnée, la démarche qu'ils poursuivent leur vaut de petites victoires et des rebuffades. Le pouvoir colonial, qui doit composer avec une équation politique complexe où les doléances des anciens sujets et celles des nouveaux sont nombreuses et souvent contradictoires dans leurs tenants et aboutissants, ne bouge que sur la base d'un rapport de force établi à son désavantage, d'un contexte international ou local délicat, d'une impasse politique majeure dans la colonie ou d'une expectative de gains ultérieurs sur les demandeurs.

Usant de stratégies diverses — pétitions, représentations politiques, actions au Parlement à partir de 1792, dénonciations dans les journaux, déclarations solennelles —, les réformateurs canadiens cherchent à atteindre leurs buts en maniant habilement la rhétorique de la contestation et celle de la collaboration. Sur le plan idéologique, ils sont inspirés par une foule d'idées et de courants en vogue concernant l'exercice du pouvoir et la structuration des régimes politiques. Le libéralisme, la démocratie parlementaire, l'égalité sociale, le système de la monarchie constitutionnelle, le républicanisme, le principe de la souveraineté des peuples, l'indépendance, l'idée de nationalité et celle de liberté figurent parmi les concepts qui nourrissent les nombreuses visions politiques portées par les partisans du changement au Bas-Canada. Si ces derniers comptent en leurs rangs une vaste majorité de Canadiens, il se trouve aussi bon nombre d'anglophones qui fulminent contre les vices du régime et qui envisagent de le transformer. Parce qu'elle ne s'enracine pas simplement dans une mémoire et un ressentiment, mais qu'elle exprime aussi un projet d'affirmation collective où la religion et la langue ne font pas foi de tout, la quête politique menée par une partie des Canadiens intéresse des gens aux héritages et aux horizons variés. Fait à noter, il n'y a pas, chez les contestataires du système existant, unanimité de vue en ce qui a trait à l'avenir de la colonie au sein de l'Empire ou en dehors. Différentes conceptions sont également discutées en ce qui touche au devenir des Canadiens dans le contexte de l'évolution politique du Bas-Canada. Si l'on s'entend sur les carences et les injustices générées par le régime, il y a florilège d'options et de positions relativement aux tactiques à utiliser pour parvenir aux fins désirées ainsi que de multiples débats sur les fins désirables à atteindre. Avec le temps, les réformistes, qui se rassemblent de plus en plus au sein du Parti patriote dirigé depuis 1826 par l'influent Louis-Joseph Papineau, accentuent la pression sur les autorités de la colonie et sur le gouvernement britannique à Londres.

Précipitations politiques

Pour différentes raisons, la situation politique, déjà crispée dans les années 1820 sous l'administration du gouverneur Dalhousie, s'envenime dans la colonie au début des années 1830. L'état de tension tient à des facteurs conjoncturels et structurels. La chute du prix du blé, les épidémies de choléra, l'accès difficile à la terre et l'incertitude économique générale s'ajoutent au ras-le-bol d'une grande partie de la députation bas-canadienne devant le mode de gestion exercé par le Conseil législatif de la colonie qui hérisse la Chambre d'assemblée en refusant d'approuver plusieurs lois votées par les députés. Le fait que les membres de l'administration coloniale disposent des fonds publics sans être redevables de leurs décisions auprès des électeurs par l'intermédiaire de la Chambre d'assemblée mécontente aussi beaucoup la population. De semblables frustrations, qui mènent à une agitation politique extraordinaire, se font aussi sentir dans la colonie du Haut-Canada et ailleurs au sein de l'Empire. En plusieurs endroits dans le monde, et de manière violente la plupart du temps, l'ère démocratique mord sur l'ère aristocratique. L'âge du capitalisme industriel et celui des États-nations unifiés et centralisés s'annonce dans le déchaînement des passions.

Le milieu des années 1830 coïncide par ailleurs avec l'apparition, dans l'espace public du Bas-Canada, de quelques groupes de radicaux — certains loyaux à la Couronne et d'autres procanadiens — qui chauffent les humeurs avec leurs déclarations incendiaires à relents raciaux. Par la publication de textes à contenu imprécatoire, les journaux et gazettes participent de l'enflure verbale du moment et accentuent la discorde entre les protagonistes. *Last but not least*, les réponses offertes par lord Russell en 1837 aux 92 résolutions de l'Assemblée — endossées trois ans plus tôt par des députés francophones tout autant qu'anglophones — mettent fin aux espoirs de plusieurs Canadiens de changer l'ordre colonial par la voie réformiste. L'idée d'une rupture avec l'Empire gagne en sympathie, sinon en appui. Le fait que Papineau souscrive à la résistance autonomiste, mais dans le cadre d'une légalité constitutionnelle qu'il craint d'outrepasser, ajoute au crédit de l'option. À mesure que les assemblées de patriotes se gonflent et se multiplient pour protester contre les blocages du régime — avec comme espoir que la pression sur le système entraîne sa réforme désirée —, la grogne s'installe au sein de la population. S'amplifiant au rythme du raidissement de la Couronne, l'attitude frondeuse des patriotes place progressivement le pouvoir dans une situation de quasi-crise de légitimité. Le ciel de la colonie se charge, alimenté par des brouillards de rumeurs, des vents de mauvaise humeur et des nuages d'aigreur. L'orage éclate à l'automne 1837 sous la forme de révoltes mal organisées dans la vallée du Richelieu et dans les zones rurales du district de Montréal. Le coup de tonnerre est provoqué par la précipitation de quelques centaines d'insurgés à prendre les armes et par celle du pouvoir colonial de mater, par la loi martiale et le recours à la force, toute tentative de sédition populaire, appréhendée ou réelle.

Dans la mémoire collective des Québécois d'héritage canadien-français, les rébellions de 1837 et de 1838 ont le statut d'événement traumatisant et culbuteur. Selon le récit accrédité, leur répression brutale brise l'élan magistral d'une nation en quête de liberté, d'émancipation et d'épanouissement démocratique hors de tout cadre contraignant — colonial, impérial, clérical, seigneurial et féodal.

Gorgée d'attentes variées et imprégnée de velléités multiples, la démarche politique des contestataires, dont plusieurs sont en panne de mobilité ascendante dans la société, est en réalité plus complexe, souvent équivoque, parfois confuse. Que, dans les années 1830, il y ait eu au Bas-Canada une volonté marquée de modifier la donne coloniale dans le sens d'une pratique politique plus démocratique, cela tombe sous le sens. Que le Parti patriote ait obtenu l'assentiment populaire pour réformer le système sur le plan constitutionnel en vue d'une application étendue des principes du parlementarisme britannique, cela s'entend aussi. Que, par la mise au ban des assemblées de patriotes en juin 1837 et par d'autres mesures haïes, l'administration coloniale ait renforcé le mécontentement des Canadiens, accentué leur frustration politique et suscité chez plusieurs le désir vif de se dresser contre le pouvoir, sinon d'en contourner le gouvernement par la mise en place d'administrations locales parallèles, la chose est tout aussi évidente. Le reste est moins patent — et il ne sert à rien d'illuminer le passé d'une clarté de sens qui lui fait défaut ou de le recouvrir d'un manteau d'unanimité qui lui sied mal.

Dans le Bas-Canada de la deuxième moitié des années 1830, il n'y a pas de mouvement social massif et géographiquement étendu qui appuie la radicalisation de la démarche politique des contestataires. L'insurrection violente suscite peu ou prou d'adhésion en dehors de certains groupes et

Dans la mémoire collective des Québécois d'héritage canadien-français, les rébellions de 1837 et de 1838 ont le statut d'événement traumatisant et culbuteur. Gorgée d'attentes variées et imprégnée de velléités multiples, la démarche politique des contestataires est en réalité plus complexe, souvent équivoque, parfois confuse.

réseaux d'opposants où trônent des idéalistes survoltés, des militants convaincus, des activistes exaspérés, de pauvres habitants séduits par quelques idées aux intonations libératrices et des protestataires désillusionnés parmi lesquels plusieurs se réforment rapidement après l'échec des soulèvements. Du début à la fin de la période troublée, la voie constitutionnelle reste, pour la majorité des Canadiens, pour leurs femmes, pour leurs *leaders* — dont la plupart sont modérés — et pour les réformistes anglophones, le meilleur moyen d'obtenir le changement désiré.

Ce changement n'est d'ailleurs pas envisagé de la même manière par tous les intervenants au débat. Louis-Joseph Papineau et l'éditorialiste Étienne Parent, qui comptent à l'époque parmi les principaux penseurs de la condition canadienne au Bas-Canada, sont loin d'entrevoir l'avenir de leur société et de leur pays dans une perspective similaire. L'un et l'autre ne font ni la même lecture ni ne tirent les mêmes conclusions des événements politiques qui surviennent dans la colonie. Si le premier — seul seigneur à se faire rebelle — perd confiance en la possibilité d'un avancement des Canadiens dans le cadre de l'Empire et propose finalement d'emprunter la voie républicaine à l'américaine pour sortir de l'impasse, le second, qui dirige à Québec l'influent journal *Le Canadien*, considère que la conservation des acquis et que la négociation d'espaces de liberté, dans le corset de l'Angleterre et dans les parages de sa jupe, demeurent les choix les plus appropriés. Or chacun a ses partisans. L'Église, qui reste un acteur institutionnel important, entend maintenir son influence, sinon l'étendre, au sein de cette société qui s'ouvre à l'industrialisation, qui est attirée par le libéralisme et qui cherche le meilleur canal d'expression de sa nationalité. Les bourgeois montants, anglophones ou francophones, ont de leur côté des préoccupations bien différentes de celles des élites préindustrielles — canadiennes ou britanniques — davantage attachées au maintien de leurs privilèges. Tiraillé entre les multiples horizons qui lui sont proposés, le peuple, dans la pluralité de ses conditions de vie qui vont de l'acceptable au pire, cherche pour sa part à améliorer son sort en espérant que les grandes joutes politiques qui se déroulent avec ou sans lui ne le laissent pas trop malheureux ou déshérité.

Irritations de passage

Dans la conjoncture politique hésitante et incertaine qui suit les rébellions matées, alors que les protagonistes spéculent sur l'orientation à donner à l'avenir de la colonie, la Couronne, qui n'entend plus tolérer le désordre politique et social au sein de ses possessions canadiennes, prend les devants. Inspirée en partie par le rapport de son envoyé spécial au Canada, Lord Durham, elle impose l'union à ses deux colonies du Bas et du Haut-Canada. Dans l'opération, celles-ci sont officiellement renommées Canada-Est et Canada-Ouest — mais l'usage des anciennes désignations perdure un certain temps. Par l'union, l'objectif du Parlement britannique est clair. Il s'agit d'amener les deux Canadas à fonctionner comme une province régie par une seule Chambre d'assemblée soumise à une structure de pouvoir dépendante de Londres. Dans la résolution britannique, il y a tentative explicite d'en finir avec le problème des velléités autonomistes et celui des nationalités dans les deux colonies canadiennes.

La décision du Parlement britannique insatisfait grandement et généralement les Canadiens de l'ancien Bas-Canada. Tout en étant appliquée, l'union des deux Canadas, qui sanctionne par un mariage punitif deux corps politiques qui n'ont pas envie de fusion à ce moment, révèle rapidement ses failles. Elles tiennent au fonctionnement du régime tout autant qu'à l'action militante que mène, au sein de la nouvelle structure unitaire à double enracinement territorial, la députation du Canada-Est composée d'une majorité de francophones. Si le cadre de l'union favorise le développement économique des deux colonies au sein desquelles Montréal acquiert le statut incontesté de premier pôle d'affaires, il n'apaise pas les récriminations de bien des députés contre le mode de gouvernance associé au régime colonial. Les humiliations que l'union fait subir aux Canadiens d'origine française, en ce qui touche à la reconnaissance du français comme langue officielle de l'administration notamment, avivent leur conscience nationale. Elles accentuent de même les tensions ethniques, apparues au moment des rébellions entre les francophones et les anglophones, au sein de l'espace politique. Très tôt, la nécessité de calmer les ardeurs et de réformer le système par des compromis mobilisateurs se fait sentir.

Si la répression des révoltes de 1837 et de 1838 désavoue et discrédite l'option radicale — y compris l'indépendance et le choix républicain dans ce contexte — comme moyen de changer le système colonial, elle ne clôt pas un parcours historique ni ne brise la volonté des Canadiens d'aménager leur place à l'intérieur d'un ensemble qui, dans la forme édictée de l'union, ne leur convient pas. La lucidité politique de nouveaux *leaders* canadiens-français et canadiens-anglais, qui s'opposent au pouvoir de l'*establishment* britannique au Canada et qui cherchent vivement, en s'alliant autour d'un nouveau programme réformiste, à obtenir la responsabilité ministérielle pour leur pays, ouvre la porte à une évolution des choses. Dans l'entreprise de convergence et de cohabitation politiques, l'ancien patriote Louis-Hippolyte La Fontaine joue, au Canada-Est et pour les Canadiens français, un rôle majeur et tout aussi important que celui qu'assume Robert Baldwin, réformiste modéré depuis longtemps, au Canada-Ouest et pour les Canadiens anglais. Tous deux partagent le même souci de transformer les institutions de la colonie dans la perspective de l'édification d'une démocratie libérale et bourgeoise au Canada qui soit également fondée sur la collaboration des nationalités plutôt que sur leur antagonisme.

Huit ans après avoir sanctionné l'Acte d'Union, Londres, qui conjugue désormais l'Empire au temps du libre-échange économique, accorde finalement le gouvernement responsable à sa colonie du Canada-Uni. Les premières années du nouveau régime, marquées par l'instabilité ministérielle, laissent toutefois entrevoir le caractère simplement transitoire d'une forme politique à vocation unitaire pour accueillir la complexité de la donne canadienne. Partagé entre ses nombreux héritages historiques et ses multiples horizons d'attente, incapable de trouver une solution tranchée au problème de l'articulation du libéralisme et des nationalités en son sein, le pays n'arrive pas à se donner un destin univoque.

Vue de la place du Marché et de l'église catholique (Basilique-cathédrale Notre-Dame de Québec), haute ville de Québec en 1832 ; *gravure chromolithographie, 25,8 × 37,1 cm.*
(Université de Montréal, Division des archives, P0059 Collection Adine Baby-Thompson P0059FG193)

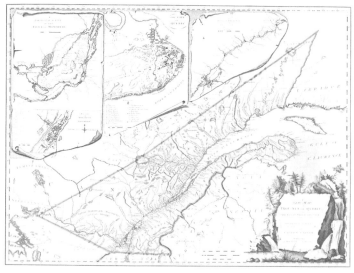

Carte dessinée par le capitaine Carver et où, pour la première fois, paraît l'expression Province of Quebec.

Carte réalisée entre 1766 et 1768, dans North American Atlas, de William Faden, 1776, Historic Urban Plans, Ithaca, New York.

Placée sur le mur au-dessus du trône du président dans la salle de l'Assemblée nationale, la toile de Charles Huot illustre le débat des langues du 21 janvier 1793.

Le Débat des langues. *Charles Huot, œuvre réalisée de 1910 à 1913 ; huile sur toile maroufflée.* (Collection : Assemblée nationale du Québec)

Vue du Palais Episcopal et de ses ruines, comme elles paraissent sur la montagne, depuis la Basse Ville, 1761. *Richard Short, estampe publiée dans* Twelve Views of the Principal Buildings in Quebec *de Richard Short dessinateur et A. Benoist, Éditeur Thomas Jefferys ; encre, papier vergé, collé sur papier, 36,3 × 52,8 cm. (Musée de la civilisation, dépôt du Séminaire de Québec, fonds Viger-Verreau, 1993.15823)*

Chantier naval et anse à bois des frères Gilmour, à Sillery, près de Québec, vers 1840. *(Avec la permission du Royal Ontario Museum, © Rom, 950.61.13)*

Émigrants irlandais sur le point de quitter leur patrie et recevant la bénédiction d'un prêtre.

Départ d'émigrants irlandais, dans The Illustrated London News, 10 mai 1851. (Canadian Heritage Gallery, www.canadianheritage.ca, ID # 20091, Archives nationales du Canada, C-3904)

Considéré comme le premier journal imprimé au Québec, *The Quebec Gazette/ La Gazette de Québec* débute sa parution le 21 juin 1764.

The Quebec Gazette. (Bibliothèque nationale du Québec, collections numériques, livres et collections, JOU 1265 RES)

L'arrivée des Loyalistes, 1783.
Henry Sandham (1842-1910), œuvre réalisée en 1925 ; impression photomécanique sur papier gaufré, 76,5 × 63,7 cm ; Imprimeur : Thomas Nelson and Sons, Grande-Bretagne. Thomas Nelson and Sons Limited, Toronto and Edinburgh (Éditeur). (Laurier Press Clippings collection, Archives nationales du Canada, C-000168)

Sous l'influence des immigrants britanniques, la coutume du thé s'impose dans la société francophone. La vaisselle anglaise, produite à grande échelle, remplace l'étain.

Théière, Grande-Bretagne, vers 1815 ; porcelaine. (Musée de la civilisation, 68-3699-6-1 ; photo : Idra Labrie)

L'assemblée des six comtés, en 1837. *Charles Alexander, 1891 ; huile sur toile, 300 × 690 cm.* (*Musée national des beaux-arts du Québec ; photo : Patrick Altman.*)

Dévoilement de la croix commémorant l'immigration irlandaise de 1849, à Grosse-Île.

Grosse-Île, 1909 ; *dans* The Standard (Montréal, Canada), 28 août 1909, p. 3. (*Archives nationales du Canada. C-066294*)

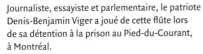

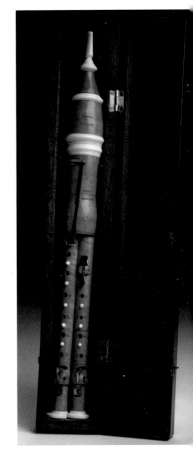

Journaliste, essayiste et parlementaire, le patriote Denis-Benjamin Viger a joué de cette flûte lors de sa détention à la prison au Pied-du-Courant, à Montréal.

Flageolet, Grande-Bretagne, XIXe siècle ; *buis, argent, laiton, ivoire.* (*Musée de la civilisation, 51-41 ; photo : Idra Labrie*)

Sir Charles Metcalfe ouvrant le Parlement de Montréal. *Andrew Morris, 1845;
huile sur toile, 56 × 77 cm. (Archives nationales du Canada, C-000315)*

Dessin du premier immeuble de la Banque de Montréal en 1837.

Banque de Montréal. *(Album de rues E. Z. Massicotte, collections numériques,
Bibliothèque nationale du Québec, 6-164-b)*

3

Expansion

LE XIXe SIÈCLE coïncide avec l'émergence d'un nouveau monde centré sur l'industrie et le salariat. Visible partout en Occident, cet avènement ne suit pas un patron identique de déploiement dans l'espace, ni par sa cadence ni par son amplitude. Si l'industrialisation et l'extension du rapport salarial profitent à plusieurs, elles consolident ou accentuent la vulnérabilité socioéconomique du plus grand nombre. Elles provoquent aussi l'incertitude chez bien des gens. L'angoisse est d'autant plus forte que les changements surviennent de manière précipitée et se font dans toutes les directions à la fois.

Au XIXe siècle, l'Amérique du Nord est en effet l'un des principaux terrains d'accumulation capitaliste dans le monde. Les « frontières internes » du continent sont, vers l'ouest comme vers le nord, étendues aux limites du territoire accessible. Tout ce qui s'oppose ou contrevient à l'ordre du capital est décrié ou mis en ruine. Ainsi, l'esclavage, le régime seigneurial et le communautarisme métis sont abolis juridiquement ou renversés par la force. Les Autochtones qui s'adonnent encore à des modes de vie traditionnels sont pour leur part refoulés aux marges des terres exploitables. Parqués dans des réserves isolées, internés dans des pensionnats ou voués à l'assimilation par une série de lois discriminatoires, ils sont littéralement mis à l'index de la société qui s'édifie. En pratique, le continent est occupé par les entrepreneurs et les politiciens qui partagent les mêmes utopies de grandeur. Enfiévrés par l'idéologie du progrès illimité, les premiers se lancent dans de gigantesques projets d'infrastructures de transport, d'exploitation des ressources naturelles et de développement industriel. Les seconds, qui ne se gênent

pas pour participer au klondike des canaux et des chemins de fer, s'éver-
tuent à favoriser l'élan capitaliste avec un zèle irrépressible. Même les
Églises et les ordres religieux participent, comme investisseurs, au
bonanza nord-américain. À tous égards, la deuxième moitié du XIXᵉ
siècle inaugure une période d'expansion qui, tout en étant marquée par
des phases de haute ou de basse croissance — pensons à la longue
dépression des années 1880 —, ne tarit pas avant la grande crise des
années 1930.

Le Canada-Est, renommé Province de Québec en 1867, participe
de cette métamorphose continentale. Le milieu du XIXᵉ siècle est un
moment de basculement majeur dans l'histoire du Québec. Il ne
concorde pas avec l'exil de la province dans un long hiver de survivance, sorte de phase dépressive où la parole de l'Église s'impose sur
la raison sociale comme un vaste linceul sur les intelligences. Cette
période marque plutôt le début d'une transformation profonde de la
société québécoise et celui d'une formidable progression de son économie. Sur le plan politique, le long « siècle » qui commence avec
l'Acte d'Union voit les *leaders* canadiens-français multiplier les efforts
pour maintenir la position du groupement, apprécié comme
nation(alité) mais dans des sens variés par les uns ou par les autres,
dans le contexte d'une dynamique politique instable sur le continent.
Pour ses promoteurs qui sont contestés mais également appuyés, la
décision d'adhérer au pacte confédératif de 1867 tient d'un pragmatisme politique comportant des éléments de compromission tout
autant qu'elle résulte d'un extraordinaire pari sur l'avenir du nouveau
pays à construire.

Transformations tous azimuts

À l'encontre de ce que colporte le sens commun, le Québec n'est pas
exempt des dynamismes qui caractérisent fondamentalement le XIXᵉ
siècle américain. Il est au contraire marqué, sur les plans économique
et social, par tous les processus structurants de cette époque : l'industrialisation, la prolétarisation, l'extension des rapports marchands
dans l'espace social, l'urbanisation galopante et les migrations locales
et internationales. Dans la deuxième moitié de ce siècle, le Québec
entre de plain-pied dans l'univers de la modernité industrielle. Mais
tous ses habitants n'y pénètrent pas au même rythme ni dans les
mêmes conditions.

Montréal comme métropole

En Amérique du Nord, Montréal est l'une des villes où la transition vers l'industrie et le salariat se fait le plus intensément. Animée et orchestrée par des entrepreneurs d'origine anglaise ou écossaise surtout, l'industrialisation de Montréal, qui est aussi le fait de francophones, devient une tendance lourde pour la ville dans les années 1840. Au milieu du siècle, il faut concevoir Montréal comme une ville pôle qui, pour les colonies britanniques d'Amérique du Nord, est aussi importante que le sont New York, Boston ou Philadelphie pour les États-Unis. La métropole du « Canada », qui vit au rythme des changements technologiques affectant les zones les plus fortes du continent nord-américain, est d'ailleurs en concurrence directe avec les villes américaines de la côte est. Ces agglomérations dynamiques, qui sont emportées par des entrepreneurs souvent peu scrupuleux au chapitre de la morale économique, cherchent à s'imposer comme des centres d'activités névralgiques sur des zones de pourtour qui sont mises en périphérie dans le processus. À partir du milieu du XIXe siècle, Montréal s'élève comme le centre moteur de l'économie de la colonie et du Dominion par la suite. C'est à Montréal qu'ont pignon sur rue les trois vaisseaux amiraux du capital canadien — la Bank of Montreal, le Canadian Pacific et la Hudson's Bay Company — et que réside la classe d'affaires qui entreprend de développer le territoire canadien d'est en ouest.

Dans la deuxième moitié du XIXe siècle, le Québec entre de plain-pied dans l'univers de la modernité industrielle. Mais tous ses habitants n'y pénètrent pas au même rythme ni dans les mêmes conditions.

Flux migratoires et restructuration du territoire

L'essor industriel de Montréal et sa double connexion au système atlantique et au système continental la rendent attrayante comme lieu d'immigration transitoire ou définitive. Les besoins en main-d'œuvre dans la ville font d'ailleurs que cette immigration n'est pas que locale, mais internationale aussi. À partir des années 1840, Montréal, plus que Québec ou Trois-Rivières qui n'arrivent pas à s'élever comme des centres économiques d'envergure, voit sa population augmenter et se diversifier par l'apport migratoire. Si les Canadiens français sont bien établis dans la ville, ils ne forment pas la majorité de sa population entre 1831 et 1867.

Les anglophones, composés de Britanniques d'origine, d'Irlandais, de natifs du Canada et d'Américains, sont plus nombreux. La présence anglophone est également forte à Québec, dans les Cantons de l'Est, en Gaspésie et dans l'Outaouais. C'est vers la fin du siècle, et plus encore au suivant, que des immigrants d'autres cultures ou nationalités — des Juifs d'Europe de l'Est et des Italiens surtout — ajoutent significativement aux coloris du paysage ethnique de la province, essentiellement dans la métropole. En 1931, six pour cent environ de la population totale du Québec n'est ainsi ni française ni britannique d'origine.

Du fait de sa centralité au Canada et au Québec — un statut que renforcent plusieurs politiques du gouvernement fédéral dans les années 1870 et 1880 —, Montréal est aussi le lieu vers lequel se dirigent un grand nombre d'habitants du Québec qui viennent offrir leurs services à des entrepreneurs avides d'en faire usage à des conditions parfois odieuses. Le XIXe siècle québécois est en effet marqué par le dépeuplement des campagnes au profit des centres urbains. Quand ils n'optent pas pour les États-Unis, pour les autres provinces canadiennes ou pour les nouveaux territoires ouverts à la colonisation au Québec même, les campagnards migrent vers les trois villes pivot de Montréal, de Québec et de Trois-Rivières, vers des villes qui s'érigent comme des chefs-lieux régionaux influents grâce aux chemins de fer (Sherbrooke, Drummondville, Hull, Saint-Hyacinthe, Granby, Lévis et Saint-Jean par exemple) et vers des agglomérations qui, bien que peu populeuses, se constituent comme de petites municipalités montantes dominant des zones de frange agro-forestières (Saint-Georges-de-Beauce, Rimouski, Chicoutimi, etc.).

La dissémination et la concentration des populations dans l'espace, maillé plus densément qu'auparavant grâce à l'extension du lacis routier et du réseau de voies ferrées, sont en effet deux caractéristiques importantes du XIXe siècle québécois. La répartition inégale des populations sur le territoire provoque toutefois l'apparition de différentiels de croissance et de développement, de même qu'une spécialisation des activités de production, dans l'espace. Celui-ci tend à se structurer en zones fortes et en zones faibles. Il existe ainsi des déphasages considérables entre la plaine de Montréal et la Côte-Sud ou le Bas-Saint-Laurent. Tournée vers le monde atlantique qui progresse modérément, la péninsule gaspésienne, condamnée aux activités primaires par de pernicieux monopoles qui commandent le destin des populations locales, retarde de son côté par rapport à la haute vallée du Saint-Laurent qui croît rapidement. Aujourd'hui encore, le Québec garde les traces de ce patron initial de développement inégal qui alimente des régionalismes plus ou moins exacerbés d'identification et de mobilisation.

Extension du salariat

Le XIXᵉ siècle est marqué par la progression significative du salariat au sein de la société québécoise, une réalité à laquelle n'échappent pas les campagnes qui, dès les années 1830, voire avant si l'on songe à l'industrie du bois, connaissent des formes plus ou moins intenses de proto industrialisation. Le statut de salarié décrit la condition de celui qui vend sa force de travail sur un marché de l'emploi où il n'est pas toujours en position avantageuse pour négocier ses conditions d'embauche. Dans la deuxième moitié du XIXᵉ siècle, la majorité des travailleurs ne bénéficient pas d'une situation enviable dans leur rapport de force avec le capital. L'extension de l'industrie et du salariat se fait d'ailleurs dans un contexte de régulation publique fluette où il est facile pour les plus forts de mettre à mal les plus faibles. Cette situation génère des conflits de travail parfois violents qui sont condamnés par les patrons, dénoncés par les politiciens et réprimés par la police, la milice ou l'armée. La grève des ouvriers irlandais employés à la construction du canal de Beauharnois, arrêtée par l'armée à la pointe des baïonnettes en 1843 et dont l'écrasement laisse une vingtaine de morts dans la boue du chantier, témoigne éloquemment de la dureté avec laquelle certaines manifestations de travailleurs sont cassées. À la grande époque de l'expansion industrielle, les luttes de classes ne font pas dans la dentelle. Si le syndicalisme émerge finalement, c'est envers et contre la volonté de bien des pouvoirs concurrents.

La rapidité avec laquelle l'industrie s'empare du monde de la production des biens et le caractère assez désordonné avec lequel s'effectue la concentration des populations dans les villes provoquent d'ailleurs d'importants effets pervers : vie misérable de larges segments de la classe ouvrière ; exploitation éhontée du travail des enfants ; dépendance et vulnérabilité des salariés devant l'adversité et les contingences de l'existence ; insalubrité des lieux de travail et des milieux de vie ; épidémies et accidents fréquents ; essor du commerce de la débauche ; spéculation et patronage ; expansion anarchique des villes ; aménagement déficient de la trame urbaine ; etc. Ces situations déplorables, mises en lumière par plusieurs grandes commissions d'enquête à la fin du siècle, sont particulièrement criantes à Montréal, ville qui s'étend à une vitesse remarquable en annexant ses banlieues. À noter que Québec n'est pas en reste, elle dont le taux de mortalité infantile surpasse celui de la métropole. Pour subsister dans le cadre d'une société en transition où la richesse des parvenus n'a d'égal que la détresse des démunis, les familles ouvrières doivent faire preuve de trésors

À la grande époque de l'expansion industrielle, les luttes de classes ne font pas dans la dentelle. Si le syndicalisme émerge finalement, c'est envers et contre la volonté de bien des pouvoirs concurrents.

d'ingéniosité. Le travail salarié des femmes et des adolescents, fort répandu y compris dans le cadre de la production à domicile et du paiement au rendement (*sweating system*), est nécessaire pour éviter à bien des ménages les affres de la désolation économique et celles de la déconsidération sociale. De manière à survivre, plusieurs familles n'ont d'autre choix que de s'en remettre aux structures d'assistance sociale mises sur pied par les congrégations religieuses et les Églises. Pour un assez grand nombre de citadins, la solidarité de base entre familles, voisins et paroissiens devient une dimension cardinale à leur existence.

Consommation élargie

Qui dit industrialisation et salariat dit aussi consommation marchande. À partir des années 1850, la soumission de la vie au règne de la marchandise est une tendance qui ne cesse de progresser au Québec, en ville comme dans le monde rural. Rendue possible par l'abaissement du coût unitaire de fabrication des objets et par l'intensification des échanges économiques qui créent de la richesse échangeable en biens manufacturés, la marchandisation des modes de vie est accentuée par le fait que le commerce de détail connaît d'importantes mutations dans les années 1880. En ville, les grands magasins transforment certaines artères de circulation en véritables paradis de la consommation où les passants aiment faire du lèche-vitrine. Grâce notamment à la mise en service des tramways urbains qui profitent de l'électrification dans les années 1890, ces commerces drainent une part grandissante des clientèles. Les produits offerts aux acheteurs sont variés et proviennent de partout dans le monde. Plusieurs marchands et négociants canadiens-français profitent d'ailleurs de la conjoncture pour s'imposer dans le commerce de détail. C'est le cas de Joseph-Nazaire Dupuis à Montréal et de Zéphirin Paquet à Québec. Ailleurs en province, le commerce de détail est carrément dominé par les francophones. En dehors des centres urbains, la présence de voyageurs de commerce et la distribution de catalogues favorisent la propagation des valeurs et des aspirations consommatoires. Si des curés se plaignent des effets néfastes que l'envie du clinquant provoque chez certaines de leurs ouailles, les intéressées ne semblent pas souffrir du fait que leur inclination à la consommation, en leur faisant commettre quelque péché de concupiscence, alourdit la charge d'indulgences qu'elles doivent obtenir pour gagner leur ciel...

Stratification sociale

La société qui s'édifie dans la deuxième moitié du XIXᵉ siècle est peu organisée ou balisée par l'intervention étatique. L'État libéral étant à se constituer, les décideurs s'attèlent à la tâche d'instituer les mécanismes et les modalités de la régulation publique, y compris sur les plans du contrôle social, de la gestion de la déviance et de la police des mœurs. La société est également marquée par des inégalités assez tranchées de conditions entre ceux qui la composent. Riches et pauvres vivent dans des univers relativement séparés, ce qui ne veut pas dire étanches. À Montréal et à Québec, cette séparation s'inscrit dans l'espace physique de chaque ville. Dans l'une et l'autre cités, les hauteurs et leurs voisinages sont en effet occupés par les nantis alors que les miséreux habitent les basses-villes, résident dans les zones manufacturières ou côtoient les marins à titre de débardeurs vivant près des quais.

Évidemment, il n'y a pas, dans la province de Québec à cette époque, une seule grande catégorie de riches qui se distingue d'une seule grande catégorie de pauvres. La stratification sociale est une affaire plus complexe. Les membres des professions libérales et les métiers spécialisés, par exemple, ont des destins bien plus enviables que les manœuvres ou les journaliers. Il en va de même pour les cols blancs par rapport aux travailleurs agricoles. À coup sûr, l'instruction est un facteur important de différenciation sociale entre tout un chacun. Cela dit, les métiers et les employés qui appartiennent au monde du travail salarié partagent une même infortune : celle d'être très vulnérables devant les aléas de la vie, que ce soit la maladie, la mort du conjoint, l'accident, le licenciement ou le chômage.

Cette fragilité des gens à l'égard des hasards de l'existence conditionne d'ailleurs en partie leur dévotion. Largement répandue dans la population, la pratique religieuse n'est pas une servitude, mais un devoir assumé et apprécié par l'immense majorité des gens. Les églises, temples et synagogues sont fréquentés parce que les croyants, quelle que soit leur confession, y trouvent un réconfort spirituel et la possibilité d'exprimer leur foi sincère à une époque où la vitalité religieuse des masses n'a d'égal que la rivalité qu'entretiennent les Églises pour orienter le destin des fidèles et sauver leurs âmes. Cela dit, la ferveur religieuse des gens pieux ne les empêche pas de s'adonner aux plaisirs de la vie. L'évocation respectueuse du Christ et la génuflexion polie devant le curé ne transforment pas automatiquement tout dévot en bigot. C'est ainsi que les spectacles attirent les fidèles autant que les prêches ou les sermons. Il se crée au Québec, vers la fin des années 1880, une industrie du loisir qui affriande les foules par les produits de plus en plus diversifiés qu'elle offre.

Dans la province de Québec, la stratification sociale suit également une veine ethnique que recoupe souvent une appartenance religieuse ou linguistique. Si le cliché de l'anglophone richard et du francophone affligé est impropre à illustrer la complexité des hiérarchies de conditions qui impriment le tissu social québécois, il reste que les Canadiens français occupent surtout les positions du bas dans la structure des emplois et des revenus alors que les anglophones, à l'exception des Irlandais catholiques, se retrouvent plus souvent dans les échelons supérieurs. Cette dynamique particulière de la stratification sociale tient en partie au différentiel de scolarisation et de qualification qui existe entre les uns et les autres. La situation est également renforcée par des oppositions interethniques, voire par des pratiques discriminatoires à fondement religieux ou linguistique, qui causent notamment préjudice aux Canadiens français catholiques.

Évidemment, la mobilité sociale ascendante ou descendante est possible dans le Québec du XIXe siècle. Elle contrevient d'ailleurs souvent aux logiques religieuses, linguistiques ou ethniques que l'on dit si pesantes. À l'encontre d'une vue commune, ces attributs identitaires ne sont pas des bornes qui empêchent un individu de monter ou de tomber dans les hiérarchies sociales ou économiques. D'ailleurs, nombreux sont les francophones qui prospèrent dans les affaires. Les Cartier, Hudon, Rolland, Sénécal, Viau, Forget, Amyot et Dubuc sont autant d'exemples qui témoignent d'une présence francophone notable dans le monde économique. La liste est longue de petits et de grands entrepreneurs canadiens-français qui, sous raison sociale française ou anglaise, battent le mouvement de l'économie provinciale grâce au financement que leur procurent certaines banques à propriété canadienne-française, que ce soit la Banque du Peuple, la Banque nationale, la Banque Jacques-Cartier ou la Banque d'Hochelaga. À l'opposé, il est de nombreux anglophones qui vivent l'insuffisance de revenu au quotidien ou qui sombrent dans les affres de l'indigence. À Montréal, les quartiers de Verdun, de Griffintown et de Pointe-Saint-Charles, pour s'en tenir à ceux-là, sont peuplés d'anglophones démunis et locataires qui, face aux patrons, ne sont pas dans une meilleure position que bien des francophones devant les leurs, si tant est que ces patrons soient différents. Il va sans dire que les communautés juive, italienne, allemande ou polonaise sont traversées par de semblables inégalités sociales entre leurs membres. Fait à noter, ceux-ci ne vivent pas dans l'univers clos de leur groupement ethnique. Au contraire, ils se croisent régulièrement sur les *main* de Montréal, en particulier la rue Saint-Laurent que fréquentent aussi les Canadiens français et les Canadiens anglais.

Malgré tout, la richesse est principalement concentrée entre les mains des anglophones dont une partie de la population, composée d'employés de bureau, de cadres et de professionnels, connaît une ascension sociale manifeste à partir des années 1860. La situation relativement avantageuse vécue par ce segment de la population anglophone lui permet d'ailleurs de s'arroger une place cardinale dans la construction de la société. Ce sont en effet les élites économiques anglophones qui, plus que tout autre groupe, font de Montréal la métropole industrielle et financière du Canada, un pays qu'ils veulent exploiter et développer, à partir de leur ville, comme un *hinterland*. Ce sont également les membres de cette élite qui, de concert avec des intérêts américains, s'avisent vers la fin du siècle, et plus encore après la Première Guerre mondiale, de mettre en valeur les richesses naturelles de la province en fondant ici et là des *company towns* ou en impulsant de leurs capitaux de petites agglomérations déjà constituées, par exemple Grand-Mère, Shawinigan, Chicoutimi, Asbestos, Arvida ou Rouyn. Ce sont encore les élites anglophones qui arriment l'économie québécoise

aux grands courants d'échange conti-
nentaux et mondiaux. Dans la structure
du capital canadien qui se met en place,
les Anglo-Montréalais — et accessoire-
ment les anglophones de Québec, un
William Price par exemple — occupent
une position dominante.

La richesse dont dispose la communauté anglophone lui permet
d'ailleurs, grâce à l'action de donateurs
illustres (les McGill, Molson, Redpath,
Allan, Van Horne, McCord, Smith,
etc.), de se doter d'institutions et d'in-
frastructures de très haut niveau. Outre de marquer le paysage urbain
de la métropole sur les plans immobilier, culturel et récréatif, les
«monuments» publics de la communauté anglophone — l'Université
McGill, l'hôpital Royal-Victoria et plus tard le Musée McCord, pour
n'en nommer que trois — influent sur le devenir de la société québécoise et contribuent à façonner son identité. C'est d'ailleurs en réaction
à l'existence de ces infrastructures et institutions, ou pour imiter ce
qu'ils estiment être de bonnes et utiles initiatives, que les francophones
créent plusieurs des leurs. Il en est ainsi de la fondation de clubs spor-
tifs, de l'aménagement de parcs d'agrément et de l'arrangement de
cimetières paysagers à l'anglaise. Entre les deux principales communautés génériques du Québec, il existe d'indéniables oppositions,
résistances et frottements. Mais leur relation est pleine d'émulation
aussi, de transferts et d'emprunts, parfois de partenariats majeurs
comme en témoigne la confection, entre 1857 et 1866, du code de procédure civile du Bas-Canada par les Beaudry, Caron, Day, McCord (Thomas) et Morin, un ouvrage qui fonde en partie l'originalité du Québec
au Canada. En fait, c'est dans la tension plus ou moins vive — tantôt
heureuse et tantôt gênante — entre les francophones et les anglophones que s'édifient la culture et la société québécoises modernes.

Entre les deux principales communautés génériques du Québec, il existe d'indéniables oppositions, résistances et frottements. C'est dans cette tension plus ou moins vive que s'édifient la culture et la société québécoises modernes.

Résistance, consolidation, redéploiement

L'observateur perspicace voit bien, au milieu du XIXe siècle, que le continent nord-américain construit son avenir en anglais, dans le sens du
capitalisme industriel et selon les valeurs libérales et bourgeoises anglo-

saxonnes. Pronostiquées par Alexis de Tocqueville lors de son séjour en Amérique au début des années 1830, ces tendances se confirment aux États-Unis comme au Canada. Pour les Canadiens français de la province de Québec comme pour d'autres groupements minoritaires habitant le continent, il y a, dans cette évolution générale des choses, de grands défis. Plutôt que de se contenter de survivre, comme on l'a répété *ad nauseam*, les premiers — qui participent d'une société civile complexe mais qui forment aussi une communauté identitaire distincte — entreprennent de se tailler une place dans la dynamique continentale en résistant aux forces centripètes du marché et de la gouvernance centralisée, en consolidant leurs acquis constitutionnels et en se redéployant sur les fronts complémentaires de la terre et de l'industrie.

Dans cette ambitieuse et incertaine opération de (re)positionnement global qui traduit un refus net des Canadiens de subir les peines d'une absorption quelconque dans un tout ou celles d'une relégation éventuelle à l'intérieur d'un ensemble, les oppositions entre partisans d'une option et adeptes d'une autre sont nombreuses. À l'encontre de ce que l'on croit facilement, il n'existe pas d'unanimité politique ou idéologique dans la société québécoise de la deuxième moitié du XIXᵉ siècle. Si l'Église catholique et les conservateurs jouent un rôle central dans l'orientation de cette société, il ne faut pas croire qu'ils sont les seuls à s'agiter comme définisseurs de situation. Il ne faut pas les voir non plus comme étant opposés à l'avancement des Canadiens français, car c'est le contraire qui est vrai. Mais au moment où la position des francophones dans l'économie politique du Canada se fragilise, où l'industrie américaine se nourrit de main-d'œuvre québécoise qui saigne le pays en s'en allant — un drame que Durham avait déjà évoqué dans son rapport — et où le milieu de la ville déstructure le système existant de valeurs et crée de la misère sociale, comment promouvoir ce progrès et dans quel sens l'orienter ? Pour les contemporains, la réponse n'est pas claire. Dans la dissension de leurs positions respectives, tous s'entêtent pourtant à la chercher en essayant d'imposer leurs vues au plus grand nombre, qui à coup de menaces d'excommunication, qui sur la base d'argumentations plus raisonnées, qui sous les auspices du conservatisme ou du libéralisme, si ce n'est sous celles de ces deux idéologies mélangées dans un bouilli proprement canadien...

Au milieu du xixe siècle, l'Église catholique s'élève au rang d'acteur social majeur dans le vide créé par l'effilochement du pouvoir colonial, la structuration encore embryonnaire de l'État libéral et la désorganisation des mouvements radicaux dans l'espace politique du Canada-Est. Dirigée par des pontifes zélés, autoritaires et entreprenants, l'institution profite également, pour s'installer en reine dans le paysage social et politique de l'ancien Bas-Canada, du fait que la religion est, à l'époque, une dimension fondamentale de l'identité personnelle et une caractéristique centrale à la définition des cultures. Pour advenir au rang de phare collectif, l'Église bénéficie enfin de ce que le milieu du xixe siècle connaît, au Québec comme dans tout l'Occident, un intense réveil religieux marqué par une forte piété populaire et de nombreuses vocations, l'une et l'autre tendances étant stimulées par la volonté d'engagement social réel des gens — souvent empreinte de gratuité utopique, d'ailleurs — contre les aléas d'un monde que l'on dit brouillé dans ses traditions, ses valeurs et ses horizons.

Au sein de la société dont elle se veut l'emblème, le guide suprême et la conscience morale, l'Église ne s'en tient pas toutefois à un simple rôle de dispensatrice de services spirituels. Soucieuse de ses intérêts à titre d'institution évoluant dans un univers également temporel, elle se lance dans la spéculation foncière et l'aventure industrielle. Vu la place occupée par les Canadiens français dans l'économie locale, elle offre également, à bien des talents qui n'arrivent pas à inscrire leur destin dans les canaux de la mobilité sociale ascendante, la possibilité d'une promotion et d'une valorisation personnelles qui rencontre le désir de plusieurs jeunes gens — hommes ou femmes — de pratiquer un style de vie fondé dans la foi et admiré en ce sens. Dans une société qui régularise mal les effets gênants causés par l'industrialisation et l'urbanisation rapides et qui condamne et réprime facilement, l'Église catholique, à l'instar des Églises protestantes, agit enfin comme une structure basique de régulation qui prend à sa charge une grande partie de la détresse sociale. En fait, par son activité dirigée *urbi et orbi,* l'Église catholique tente de s'ériger comme institution dominante dans l'énonciation du sens et la production de références au sein de la société. Or elle y parvient en partie. Dans le Québec du xixe siècle et longtemps après, la paroisse et la communauté religieuse sont, comme cadres de solidarité sociale et structures concrètes d'appartenance, des lieux d'inscription recherchés par la masse des fidèles, en ville comme à la campagne.

À la suite des rébellions et de l'Acte d'Union, l'Église catholique s'allie à ceux qui, modérés et animés par un esprit et un désir réformistes, entreprennent de redresser la place des Canadiens français sur le plan économique et politique. Il faut dire que la situation est préoccupante. Attirés par la forte croissance américaine, les francophones — comme les anglophones d'ailleurs, souvent les Irlandais — migrent par centaines de milliers vers les États-Unis pour améliorer leur sort. D'autres, tout aussi nombreux, intègrent le milieu industriel québécois comme prolétaires. Ils subissent alors les vicissitudes d'un environnement où l'acculturation aux valeurs matérialistes est puissante et l'anglicisation rampante. À mesure que passent les années, la démographie des deux Canadas évolue par ailleurs au profit du Canada-Ouest. Or, dès le début des années 1860, le respect du principe de la représentation proportionnelle à la population (*Rep by Pop*) est exigé par les députés de cette section du pays, ce qui désavantage l'ancien Bas-Canada et augure mal pour son avenir à l'intérieur du régime d'union.

Dans un contexte où le péril de l'incorporation et celui du tassement sonnent comme deux glas aux oreilles des élites canadiennes-françaises, l'heure est à l'action et aux choix. Sur le plan politique, le projet d'une confédération des colonies britanniques d'Amérique du Nord apparaît enviable à plusieurs. Pour certains *leaders* canadiens-français et pour l'Église, le pacte confédératif se présente en effet comme une solution permettant au groupement catholique de langue française de consolider ses assises politiques et d'imprégner durablement, de la marque de sa nationalité à fondement et à caractère religieux, un territoire désormais doté d'une législature aux pouvoirs importants. Aux yeux de ses partisans, la confédération apporte deux avantages : elle enraye la possibilité d'une dégradation de la position politique des Canadiens français catholiques dans la structure instable de l'Union ; elle assure un avenir à ce groupement par un accord d'intégration qui, paradoxalement, fonde en même temps sa prétention au *self-government*. Cette stratégie, qui relève de la gageure politique, ne fait évidemment pas l'unanimité chez les Canadiens français. Les libéraux et leur chef Antoine-Aimé Dorion mènent le bal de la critique. Même Wilfrid Laurier, futur premier ministre du Canada, est sceptique à l'endroit du projet confédéral. Celui-ci est néanmoins voté à l'Assemblée du Canada-Uni,

91 voix contre 33[1]. Il est implicitement endossé par la population lors des élections provinciales et fédérales de 1867 qui, dans les deux cas, marquent le triomphe des partis conservateurs profédéralistes.

Sur le plan économique, la coalition conservatrice qui impose son programme à la société québécoise cherche à faire d'une pierre trois coups : freiner l'exode des habitants de la province vers les États-Unis ; permettre aux Canadiens français de sortir de leur condition d'infériorité économique ; étendre et intégrer le territoire du Canada d'est en ouest au bénéfice de Montréal comme métropole du nouveau pays. Pour parvenir à leurs fins, l'Église, la petite bourgeoisie canadienne-française et la grande classe d'affaires anglo-montréalaise — à laquelle sont organiquement liés d'influents bourgeois canadiens-français comme George-Étienne Cartier — préconisent un ensemble de mesures aux objectifs différents mais aux conséquences curieusement complémentaires. Parmi ces mesures figurent, outre l'appui à la confédération et la pratique étendue du *lobbying* auprès des politiciens fédéraux et provinciaux, l'ouverture de nouveaux territoires à la colonisation, la modernisation de l'agriculture, l'industrialisation accrue du Québec et la mise en place de certaines institutions, y compris éducationnelles, propres à favoriser l'avancement économique des Canadiens français comme « nationalité » unie. D'Étienne Parent à Victor Barbeau en passant par le curé Labelle, le frère Marie-Victorin, Alphonse Desjardins, Olivar Asselin, les membres de la Chambre de commerce du district de Montréal, Errol Bouchette, Édouard Montpetit et Esdras Minville, ils sont nombreux à envisager l'avenir du Québec par l'entremise de l'industrie, vecteur d'émancipation économique des Canadiens français. À partir des années 1870, nonobstant les clameurs discordantes qui s'élèvent en son sein et malgré la récession qui s'annonce, la société québécoise est clairement engagée sur la voie du capitalisme industriel et sur celle du libéralisme économique.

Le libéralisme des conservateurs, le conservatisme des libéraux

On aurait tort de croire en effet que le Québec s'enferme, à partir du milieu du XIXe siècle, dans un traditionalisme éculé. Si l'idéologie ultramontaine est présente et bruyante au sein de la société, elle ne

---

1. Dans le Canada-Est spécifiquement, 37 députés contre 25 donnent leur appui au projet confédératif.

remporte pas, sauf exception, la mise de la province. En dépit des imprécations constantes du clergé à l'égard du « rougisme » et de ses actions intempestives contre les membres de l'Institut canadien de Montréal — on se souvient de l'affaire Guibord à partir de 1869 et des polémiques nourries qui opposent le clergé à Louis-Antoine Dessaulles au tournant des années 1860-70, par exemple —, il faut éviter d'envisager le Québec de cette époque sous l'angle d'une collectivité conjuguant son destin au temps du verbe étroit de Mgr Bourget, de Mgr Laflèche ou de leurs zouaves locaux. Le conservatisme, bien davantage que l'ultramontanisme ou que le libéralisme radical, est l'idéologie qui prédomine dans la province, cela dans les milieux élitaires tout autant que populaires. S'il y a coalition intéressée pour l'ordre et la paix sociale entre l'Église, les groupes séculiers dominants et l'État qui accroît son pouvoir régulateur, il y a aussi tension, voire désaccord profond, chez ces mêmes acteurs en ce qui touche à la distribution des pouvoirs entre l'autorité civile et l'autorité cléricale. Hormis le champ important de l'éducation — qui échappe tout de même à la domination complète du clergé — la province de Québec n'est pas exactement une *priest ridden society.*

On aurait tort de croire que le Québec s'enferme, à partir du milieu du XIXe siècle, dans un traditionalisme éculé.

Ce que l'on appelle le « conservatisme » mérite d'ailleurs d'être défini dans la subtilité de ce qu'il était à l'époque. Ainsi, le conservateur n'est pas un réactionnaire. Il se distingue du libéral par son rapport inquiet au temps et au monde. S'il croit en la possibilité d'une amélioration pratique des choses, il refuse d'en finir une fois pour toutes avec le passé, la tradition, le principe d'autorité, celui de hiérarchie et celui de subsidiarité. Changer le système, pour le conservateur, c'est prendre le risque de briser un équilibre fragile acquis à coup de compromis éclairés et d'accumulation de bon sens. Aux yeux du conservateur, la loi seule est inapte, dans ses prétentions et ses prescriptions anonymes, à assurer la cohésion sociale. Pour préserver la communauté de toute dérive ou dégradation, il faut un ciment social plus puissant qui se découvre notamment dans le religieux et les principes moraux contenus dans la religion. Au dire du conservateur, ces principes, exprimés dans la doctrine sociale de l'Église, viennent colmater les vides de vertu laissés par la froide raison des lois et permettent au peuple de devenir meilleur[2].

En pratique, la frontière est ténue qui sépare les conservateurs assumant l'idée de progrès des libéraux modérés. C'est au sein des entrelacs formés par les figures rhétoriques du conservatisme libéral et par celles du libéralisme conservateur — entrelacs qui laissent évidemment une place à l'Église comme institution de régulation morale et sociale — que se situent idéologiquement et politiquement la majorité des habitants du Québec dans la période postconfédérative. Le discours à double focale du libéralisme et du conservatisme est d'ailleurs employé avec verve par tous les politiciens qui cherchent à obtenir une audience large au Québec à l'époque. On se rappelle l'exposé fameux de Wilfrid Laurier, prononcé en 1877, dans lequel il établit un lien fort entre le libéralisme canadien-français et le réformisme anglais. Cette posture discursive ambivalente, qui convoque et qui sanctionne une pratique politique conséquente, est appréciée des habitants de la province parce qu'elle leur permet de s'ouvrir à l'idée du changement sans rompre avec l'idéal de la continuité.

Il y a bien sûr, par rapport aux défis que doivent affronter le Québec et les Canadiens français dans la deuxième moitié du XIXe siècle et même après, des intervenants qui décident de penser au passé plutôt que de passer à l'avenir. Ce sont eux qui, de Rameau de Saint-Père à l'abbé Pâquet en passant par l'abbé Casgrain et le juge Routhier, élaborent le modèle et la quasi-mystique de la survivance pour imaginer la condition canadienne-française dans le temps, condition qu'ils ne cessent de glorifier en insistant sur sa grandeur originelle et sa vocation messianique.

Tout en étant sensibles à l'argumentaire mélancolique de ces chantres et poètes de la nation « appelée » ou « estropiée » — un topique identitaire également nourri par Garneau et Groulx à leur manière —, la majorité des Canadiens français sont bien davantage attentifs aux *leaders* qui, sur le front politique et sur d'autres fronts, cherchent une voie originale et positive pour orienter l'avenir de la collectivité. Fortement inspirée par le progressisme chrétien, cette voie — éclectique plutôt qu'unilatérale — a pour but de permettre aux Canadiens français de négocier la modernité sur un mode réservé et graduel qui ne les

2. Ces idées sont considérablement développées par l'historien Éric Bédard dans ses travaux sur le discours conservateur canadien-français au milieu du XIXe siècle.

arrache ni à leur identité ni à leur tradition. Au moment où il prend son essor au XXᵉ siècle, le coopératisme est vu comme un levier d'avancement collectif conforme à l'identité historique du groupement auquel il doit profiter. Il en est de même, un peu plus tard, du corporatisme associé au programme de restauration sociale mis de l'avant par un groupe de jésuites et de laïcs associés à l'œuvre de l'École sociale populaire. Avec le XIXᵉ siècle, le rapport à l'héritage, à la mémoire et à l'histoire devient central dans l'imaginaire de la majorité des habitants du Québec et ne cesse plus d'animer leur interrogation politique.

Canadianisation problématique

Il est une question qui, à partir du début des années 1870, traverse de part en part l'histoire québécoise. C'est celle de la construction effective du pays mis en œuvre dans l'acte confédératif de 1867. Pour les *leaders* anglophones et francophones du Québec, la confédération marque le désir de lier l'espace québécois à un vaste État où la province occupera, sur les plans économique et politique, une place cardinale. Pour les Canadiens français, le projet confédératif signifie encore plus. Il apparaît comme un moyen de refonder leur destinée collective dans un pays où, à partir d'un foyer légitime et institué, la province de Québec, ils peuvent désormais prétendre au rang de partenaire égal et cosouverain.

Or, au grand dam de plusieurs — le juge Thomas Loranger par exemple, chantre d'un fédéralisme à dominante provincialiste —, l'élan initial du nouvel État montre que le centre du Canada ne sera pas que québécois, que l'édification du pays n'obéira pas qu'à des intérêts québécois et que la progression du fait français en dehors de la province de Québec sera limitée, ruinant ainsi la possibilité d'un partenariat égalitaire et refondateur entre les francophones et les anglophones, si ce n'est entre les catholiques et les protestants pour certains.

L'avènement du XXᵉ siècle confirme d'ailleurs ces tendances.

Pour les Canadiens français, le projet confédératif apparaît comme un moyen de refonder leur destinée collective dans un pays où, à partir d'un foyer légitime et institué, la province de Québec, ils peuvent désormais prétendre au rang de partenaire égal et cosouverain.

Si Montréal reste la métropole du pays, l'Ontario se développe ronde-ment. Un pouvoir concurrent s'affirme à Toronto qui envisage aussi de faire des provinces de l'Ouest et des Maritimes son *hinterland*. Or cette prétention n'est pas mal fondée. Dans les années 1920 déjà, la restruc-turation de l'espace économique canadien, qui obéit à des forces d'inté-gration continentale alimentée par le mouvement d'expansion du capi-tal américain vers le nord, commence à se faire au profit de l'Ontario.

Par ailleurs, les événements sont nombreux qui témoignent de la volonté des pouvoirs naissants — de Fredericton à Regina en passant par Ottawa et Toronto — de bâtir le Canada hors Québec comme un pays uniforme aux chapitres de la langue et de la culture publique. Si l'exécution de Louis Riel en 1885 ne s'explique pas comme le simple reflet d'une lutte de nationalités à l'échelle canadienne, la question des écoles non confessionnelles au Nouveau-Brunswick en 1871, la pro-mulgation de lois anti-françaises au Manitoba et aux Territoires du Nord-ouest dans les années 1890 et la décision de faire de l'Alberta et de la Saskatchewan des provinces exclusivement anglophones sont élo-quentes à cet égard. Le fait que plusieurs symboles de la canadienneté émergente soient frappés (la monnaie), libellés (les timbres) ou fonc-tionnent en anglais seulement (les institutions) ne trompe pas non plus. Devant les décisions contestables des législatures provinciales, le gouvernement fédéral — même sous la direction d'un Laurier dont les convictions ploient souvent sous le poids de la fragilité du pays — privilégie les intérêts du Canada dans son ensemble plutôt que de s'arrêter à ceux du fait français ou catholique.

Cette attitude du fédéral et du Canada anglais nourrit le spectre de la mise en minorité du Québec et des Canadiens français au pays. Elle n'est pas longue à susciter de vives réactions dans la province. Si le gouverne-ment « national » d'Honoré Mercier, élu en 1887 sous la bannière de l'au-tonomie provinciale, devient un canal d'expression du mécontentement populaire, les critiques les plus opiniâtres et les mieux articulées contre la canadianisation problématique du projet confédéral viennent de Henri Bourassa. Maître à penser au sein du mouvement nationaliste qui prend de l'ampleur et qui incorpore une forte référence au catholicisme, celui-ci est de toutes les luttes pour protéger les Canadiens français et le Qué-bec contre le processus de leur excentration au Canada. Partisan d'une vision du pays qui s'enracine dans l'idée de binationalité, Bourassa abhorre que la destinée du Canada soit façonnée par des puissances extérieures, nommément la Grande-Bretagne, et que l'Angleterre en particulier soit envisagée par les Canadiens comme un foyer dont ils seraient séparés à l'instar d'une diaspora de sa patrie originelle. Chantre du droit des minorités, Bourassa déteste tout autant que, dans les choix présidant au devenir du pays, l'opinion des Canadiens français soit négligée au profit de celle des impérialistes ou de celle des «canadiennistes», c'est-à-dire des partisans d'un Canada inféodé aux intérêts de l'Empire ou d'un Canada homogène *a mari usque ad mare*. À cet égard, l'épisode de la guerre des Boers en 1899, la promulgation en 1912 du règlement 17 en Ontario et la crise de la conscription en 1917 amènent beaucoup d'eau au moulin de sa croisade. À compter de 1910, celle-ci s'épanche dans les pages du quotidien *Le Devoir* qu'il fonde à Montréal cette année-là.

Maturations sociétales et institutionnelles

L'évolution du Québec à partir des années 1870 n'est toutefois pas scandée que par la question nationale — loin s'en faut. La province est aussi marquée par les grands processus d'institution sociétale qui accompagnent la maturation du capitalisme industriel.

Sur le plan économique, la concentration du capital atteint un paroxysme et défavorise les milieux d'affaires canadiens-français. Le tournant du XXe siècle coïncide en effet avec l'émergence de monopoles industriels, commerciaux et financiers à la tête desquels se trouvent des capitalistes souvent sans vergogne qui possèdent des liens étroits avec le monde politique. La collusion unissant les banquiers, les entrepreneurs et les politiciens est d'ailleurs à l'origine de scandales fortement médiatisés qui fragilisent ou défont bien des gouvernements des deux côtés de la rivière des Outaouais. À Québec, les mandats d'Honoré Mercier (1887-1891), de Simon-Napoléon Parent (1900-1905) et de Louis-Alexandre Taschereau (1920-1936) sont écourtés ou ternis par des cas de corruption réputée ou fondée. Si le patronage apparaît parfois comme un moyen de susciter l'investissement risqué, il se veut souvent l'expression d'un favoritisme éhonté. Dans tous les cas, il dégoûte la population.

Sur le plan de la gouvernance, l'État ne cesse d'accroître sa capacité de régulation sans toutefois pratiquer l'interventionnisme systématique. L'objectif visé est double : poser les conditions légales pour que le capital emporte la société dans son ordre ; endiguer les effets les plus néfastes découlant de cet emportement. Avec le temps, l'État envahit le champ des relations de travail, celui de la détermination des salaires minima, celui des conditions de travail et celui des accidents de travail. Pour prévenir les abus fréquents d'incompétence, il réglemente les métiers et fixe des normes à la qualité du travail. De concert avec les administrations municipales et poussé en ce sens par plusieurs groupes réformistes, il légifère sur des aspects toujours plus étendus de la vie en société, depuis les conditions d'hygiène publique jusqu'aux comportements jugés déviants en passant par l'aliénation mentale et l'instruction des enfants. Vu l'ampleur de la misère sociale et la difficulté pour les institutions caritatives traditionnelles d'aider les personnes âgées et les malades, l'État investit enfin le champ de l'assistance publique, mais de manière subsidiaire seulement.

À la concentration du capital et à l'extension du rôle de l'État comme agent régulateur correspond la montée des organisations ouvrières. À mesure que le XXe siècle cède au temps, les syndicats de travailleurs deviennent en effet, pour les ouvriers et les employés, et ce, tant du point de vue de leur protection contre les abus patronaux que du point de vue de leur mobilisation pour l'obtention de droits, des vecteurs privilégiés d'avancement. Pour les partisans de la paix sociale, au titre desquels figure l'Église qui plaide inlassablement pour le respect des structures d'autorité, les syndicats menacent l'ordre établi. Au mieux, il faut contester leur légitimité ; au pire, ils doivent être encadrés et devenir confessionnels. Dans les deux cas, la société industrielle qui advient doit rester chrétienne. Progressivement, les unions ouvrières intègrent l'agora sociétale, mais leur importance à titre de tiers pouvoir demeure limitée.

Les trente premières années du XXe siècle sont également marquées par l'émergence d'un autre acteur collectif important : les femmes. Par l'action des suffragettes dont le militantisme est particulièrement vif chez les anglophones, la gent féminine gagne en 1918 le droit de vote aux élections fédérales. Grâce au travail de sape lucide mené, en milieu francophone, par des femmes de la bourgeoisie contre les fondements du régime patriarcal, les Canadiennes françaises réussissent par ailleurs, mais très difficilement et modestement, à conquérir d'autres droits civils et politiques, de même qu'à se ménager certains accès à l'éducation supérieure. Au sein du monde du travail, les midinettes remportent dans les années 1920 quelques victoires pour la cause des ouvrières. C'est au cours de la décennie suivante cependant que les travailleuses marquent le plus de points. On se souvient de la grève «dans la guenille» qui, en 1937, mobilise cinq mille ouvrières — en majorité canadiennes-françaises et juives — liguées pour la reconnaissance de leur syndicat et pour l'obtention de meilleures conditions de travail et de salaire.

Dans l'ensemble, le premier tiers du XXe siècle appartient toutefois au capital qui impose largement ses diktats économiques, technologiques et esthétiques à une société qui, après l'hécatombe de la Première Guerre mondiale, croit avoir repris son élan de la Belle Époque pour atteindre des sommets inédits. La frénésie des *Roaring Twenties* s'évanouit au moment où le train de la croissance dégringole la pente des indices boursiers avec, à son bord, non plus des parvenus criant leur excitation au son du charleston, mais des masses gémissant leur désarroi au rythme des pertes d'emploi.

Convulsions

Les seize années qui commencent avec la fin du mois d'octobre 1929 sont en effet marquées, dans la province de Québec comme partout sur le continent nord-américain, par une série de tremblements économiques, sociaux et politiques de très forte amplitude.

Dans un premier temps, c'est la récession qui frappe. En 1933, entre le quart et le tiers de la population active — selon qu'elle est syndiquée ou non — se trouve en chômage forcé. La désolation sociale est partout visible et la misère rôde. Pour survivre en ces temps difficiles, les individus et les ménages sont prêts à travailler pour moins cher, à partager le boulot avec un collègue, à déménager la nuit pour éviter de payer un loyer, à ratisser les décharges publiques pour trouver quelque objet à revendre... Devant l'étendue de l'indigence, les administrations publiques — fédérale, provinciale et municipale — n'ont d'autre choix, après avoir hésité un certain temps à réagir au marasme, que de dépenser pour soulager la peine et prévenir les débordements gauchistes. Leurs interventions sont toutefois palliatives plutôt que dirigistes. Elles prennent la forme de secours directs et de travaux publics, de camps de travail pour chômeurs célibataires et de programmes de retour à la terre. C'est au cours des années 1930, par exemple, que l'Abitibi et l'intérieur de la péninsule gaspésienne sont principalement colonisés. Alors que la crise s'appesantit sur la société, le gouvernement fédéral met de l'avant un plan orchestré de mesures économiques et sociales.

Les années 1930 marquent le début de la construction tranquille de l'État providence au Canada, une tendance contestée par bien des penseurs au Québec qui exècrent l'étatisme, *a fortiori* quand il se veut ingérence du fédéral dans un domaine de juridiction provinciale.

À l'encontre d'une vue commune, la crise ne marque pas un temps d'arrêt, mais de contraction seulement, dans le développement économique et social du Québec. Ainsi, la concentration de la propriété ne relâche pas. De même, ceux qui disposent de liquidités peuvent, compte tenu de la déflation ambiante, multiplier les bonnes affaires. L'innovation technologique ou sociale ne diminue pas non plus. C'est au cours des années 1930 que Joseph-Armand Bombardier construit un premier modèle de motoneige à hélice; que Sam Steinberg ouvre un magasin libre-service; que, grâce aux efforts respectifs de Wilder Penfield et du frère Marie-Victorin, l'Institut de neurologie et le Jardin botanique voient le jour à Montréal. La crise ne freine pas davantage, mais ralentit simplement, le virage du Québec vers la société de communication de masse. Même en pleine dépression, le nombre de logements équipés d'un poste de radio ou d'un appareil de téléphone augmente. C'est au cours des années 1930 que *La Presse*, après avoir acheté son concurrent *La Patrie*, devient un grand journal d'information. Enfin — est-ce la déprime populaire que l'on veut guérir par l'aspirine hollywoodienne alors même que la migration physique des Canadiens vers l'eldorado américain est plus difficile qu'avant? —, le nombre de salles vouées exclusivement au cinéma s'accroît. Si l'Église tente de contraindre la culture de masse à évoluer dans les limites de la morale chrétienne, elle faillit dans son projet. L'américanisation des mœurs, des valeurs et des aspirations est une tendance lourde au sein de la société québécoise. Même l'agrandissement de l'Oratoire Saint-Joseph, temple couru et réputé de dévotion populaire, ne change rien à la lame de fond qui charroie les catholiques de la province.

En fait, c'est au chapitre de la diversification de sa population que le Québec connaît une pause dans les années 1930. Si, en dépit d'un solde migratoire très largement négatif entre 1901 et 1930, la province avait vu s'établir en son territoire, au cours de ces trois décennies, des gens d'origines ethniques autres que française ou britannique — des Juifs, des Italiens, des Allemands et des Polonais surtout —, l'afflux migratoire international diminue singulièrement durant la crise et ne reprend de manière soutenue qu'avec les années 1960.

À l'instar de ce qui survient dans d'autres Dominions, l'entrée en guerre du Canada aux côtés de la Grande-Bretagne permet au pays de renouer avec la croissance. La participation du Canada au conflit, à titre de pays-ressource surtout, stimule en effet l'économie de la province qui use à grande échelle du travail féminin. Si les francophones du Québec sont amplement réfractaires à l'embrigadement militaire décidé par le gouvernement fédéral en 1942, leur participation à l'effort de guerre, y compris au chapitre des combattants envoyés au front, est notable. Le début des années 1940 coïncide également avec la mise à niveau de certains aspects de la régulation étatique québécoise, opération inspirée ou conditionnée par l'action du gouvernement fédéral en cette matière. Élu en 1939, le libéral Adélard Godbout entérine l'assurance chômage, instaure un ministère du Bien-être social, institue l'instruction obligatoire et forme la société publique Hydro-Québec en étatisant deux entreprises privées d'électricité. En 1940, il redonne le droit de vote aux femmes — un privilège que certaines d'entre elles avaient exercé, à titre de propriétaires, de 1792 à 1849. Défait aux élections de 1944 par une population au souvenir encore chaud de la conscription, Godbout est promptement expédié aux oubliettes de la mémoire collective. Son successeur, dont la face négative hante toujours l'imaginaire québécois, impose rapidement ses vues sur une société qui, cependant, incline à poursuivre sa mutation tout autant qu'à consolider ses fondations.

Si l'Église tente de contraindre la culture de masse à évoluer dans les limites de la morale chrétienne, elle faillit dans son projet. L'américanisation des mœurs, des valeurs et des aspirations est une tendance lourde au sein de la société québécoise.

Vue sur la ville de Montréal à partir d'un campement indien.

Lithographie de George Matthews d'après un dessin de James Duncan, dans Views of Montreal, *2ᵉ partie, Montréal, 1844. (Musée de la civilisation, dépôt du Séminaire de Québec, 1993.15154; Photo: Idra Labrie)*

Canal Lachine, travail aux écluses Saint-Gabriel, 1877.
(Albums de rues E. Z. Massicotte, collections numériques, Bibliothèque nationale du Québec, 2-207-a)

Cérémonie célébrant l'arrivée d'Albert Édouard, Prince de Galles,
au moment de l'inauguration du Pont Victoria, le 25 août 1860.

*Inauguration du Pont Victoria, estampe, 1860. (Université de Montréal, division des archives,
P0058 Collection Baby, gravures P0058FG00304)*

Le port vu depuis l'élévateur à grain du Canadien Pacifique, à Montréal, vers 1885.
Photographie William Notman & Son, vers 1885, XIXᵉ siècle.
(Musée McCord d'histoire canadienne, Montréal, 1938)

Rue Saint-Laurent, Montréal. *Carte postale, éditeur : Valentine & Sons' Publishing Co., Montréal et Toronto. (Collection Michel-Bazinet, collections numériques, Bibliothèque nationale du Québec, CP 5201)*

Locomotive du chemin de fer Quebec & Lake St-John, vers 1870. *Photographie, 8 × 10 pouces. (Andrew Merrilees Collection, Archives nationales du Canada, PA-165577)*

Tramways de la rue Saint-Jacques en 1910. *(Fonds de la Montreal Street Railway Co., Archives de la Société de Transport de Montréal, S1 / 7.3)*

Des personnages célèbres sont présents sur cette photo. De gauche à droite : A.B. Filion (1843-1908), agent des Terres et des Bois de la Couronne, Agence Petite Nation Est, curé Samuel Ouimet, curé de Saint-Jovite ; Hon. George Duhamel, Commissaire des Terres de la Couronne ; Mgr Antoine Labelle (1834-1891), Isidore Martin dit Gauthier, trois inconnus, puis Arthur Buies, prenant des notes (1840-1901).

Le curé Labelle à la Chute aux Iroquois, Québec, 1889. (Canada Patent and Copyright Office Collection, Archives nationales du Canada, PA-029262)

Un grand magasin à rayons de l'est de Montréal.

Dupuis Frères ; dans l'Album universel, vol. 22, n° 1125, 11 nov. 1905. (Collections numériques, Bibliothèque nationale du Québec, I 11 #6833)

Procession du Saint-Sacrement dans la paroisse de Saint-Roch, à Québec, en 1894.
(Fonds Philippe Gingras, centre d'archives de Québec, Archives nationales du Québec, P585, D8, P10)

Messieurs Krag & Dawson entrant au bureau de l'émigration du Canada, à Londres, en juillet 1911.

Bureau de l'émigration, Londres, Grande-Bretagne.
(Canada Immigration Branch collection, Archives nationales du Canada, C-063257)

Inauguration du Musée Redpath, 1883. *Musée Redpath, Université McGill, Montréal.*

Ouverture de la 28e saison du parc Sohmer, *La Presse*, 27 mai 1916.

Campus de l'Université McGill. *Percy Erskine Nobbs (1909-1913), XXe siècle ; aquarelle, 45,9 × 61,1 cm. (Musée McCord d'histoire canadienne, Montréal, M988X.122)*

La cathédrale anglicane
et la place d'Armes de Québec.
*Millicent Mary Chaplin, 1841 ;
aquarelle, 24,4 × 36,4 cm.
(Archives nationales du Canada.
C-000825)*

Louis Riel (1844-1885) était à la tête de la résistance métisse dans l'ouest canadien lors des rébellions de 1869-1870 (Manitoba), puis de 1884-1885 en Saskatchewan.

Louis Riel, dans le box des accusés à Regina. *Saskatchewan, O.B. Buell. (Canadian Heritage Gallery, www.canadianheritage.ca, ID # 20758, Archives nationales du Canada, C-1879)*

Les Pères de la Confédération à la conférence de Londres, 1866. *John David Kelly (1862-1958), estampe. (Canadian Heritage Gallery, www.canadianheritage.ca, ID # 20029, Archives nationales du Canada, NC C-6799)*

Chaque carré de la courtepointe porte le nom d'un donateur ayant contribué aux fonds recueillis pour la construction de l'Église Unie de Graniteville. En 1946, lors d'une vente de charité, cette courtepointe est vendue afin de trouver des fonds pour la même église.

Courtepointe (détail), Graniteville, vers 1896. Fibre, coton. (Musée de la civilisation, don de Catherine B. MacCallum, 2002-70 ; photo : Idra Labrie)

Départ d'un contingent de volontaires pour la guerre des Boers, 1899.
(Fonds Philippe Gingras, Centre d'archives de Québec, Archives nationales du Québec, P585, D4, P49)

Première émission d'un timbre-poste de la Province du Canada, 23 avril 1851. (*Société canadienne des postes, 1851. Reproduit avec permission.* 1)

Le port de Montréal, embarcadère. *Adrien Hébert vers 1930; huile sur toile, 58,5 × 76,3 cm. (Musée de la civilisation, dépôt du Séminaire de Québec, n° 1991.285; photo: Pierre Soulard)*

Soupe populaire, Montréal, 1931. *103 × 127 mm. (Montreal Star, Archives nationales du Canada, PA-168131)*

Manifestation anti-conscription par des étudiants de l'Université de Montréal.

Champ-de-Mars, mars 1939. (*The Gazette, Archives nationales du Canada, PA-107910*)

4

Tension

À L'ENCONTRE DE L'OPINION généralement admise, le Québec d'après-guerre n'est pas une société qui recule ou se fige. Elle se transforme au contraire beaucoup et reste ouverte aux influences nord-américaines. Il faut éviter d'associer cette société à la figure de celui qui la domine apparemment de sa personnalité fracassante : Maurice Duplessis. La période qui va de la fin de la Seconde Guerre mondiale au début des années 1960 est tout à la fois marquée par des bouillonnements, par des glissements et par des blocages sur les plans économique et social. Elle coïncide avec le surgissement d'une critique corrosive des formes de la gouvernance et du mode de développement qui prévalent alors dans la province. Le Québec sous Duplessis est une société qui cherche sa voie d'avenir, quelque part entre son désir de maintenir actives certaines des références propres à son aventure historique et sa volonté d'affronter, sur un mode qui lui soit particulier, les enjeux et les défis du moment. Une société en état de tergiversation avec elle-même, de tension entre ce qui la retient et la pousse, et d'hésitation à choisir entre les impossibilités connues du passé et les possibilités inconnues de l'avenir, telles sont les formules qui décrivent le mieux ce qui se passe dans la province à cette époque.

Avancements et raidissements

Bouillonnements

De manière générale, les années 1940 et 1950 marquent une intensification des phénomènes, déjà dominants dans la province, de l'industrialisation, de l'urbanisation, de l'extension du salariat et de la consommation marchande. Le taux élevé de formation des ménages et de natalité constitue un dynamisme de fond à la société et à l'économie québécoises de l'époque. L'industrie de la construction, qui rend compte à sa manière de cette impulsion sociodémographique majeure, connaît un emballement grâce notamment à l'action de la Société centrale d'hypothèque et de logement, un organisme fédéral créé en 1945 pour favoriser l'accès des ménages à la propriété. Rapidement, le *bungalow* équipé d'un *carport* accueillant une rutilante automobile s'érige, au même titre que la banlieue où cette architecture s'épanouit à souhait, comme une icône de la société massifiée. L'abaissement du prix unitaire de fabrication des marchandises, dans le secteur de l'industrie légère surtout, fait également en sorte que plus de biens sont accessibles à plus de gens dont les revenus augmentent substantiellement dans les années 1950. Or cette situation favorise la consommation marchande, en ville comme à la campagne. C'est ainsi que se structure une classe moyenne qui se définit moins par la fonction qu'occupent ses membres dans la sphère de la production économique que par la place qu'ils détiennent dans l'univers du paraître marchand.

Le Québec sous Duplessis est une société qui cherche sa voie d'avenir, quelque part entre son désir de maintenir actives certaines des références propres à son aventure historique et sa volonté d'affronter, sur un mode qui lui soit particulier, les enjeux et les défis du moment.

Montréal, de loin l'agglomération la plus importante au Québec, consolide sa position économique et démographique. La métropole bénéficie aussi d'une reprise timide de l'immigration — sud-européenne surtout — à partir de 1948. L'emprise de l'industrie se renforçant sur la production des biens et des services, le salariat intègre à son régime une part grandissante de la population active. Suivant une tendance amorcée avec la guerre, les femmes entrent en grand nombre sur le marché du travail rémunéré pour, toutefois, en ressortir souvent au moment du mariage. Contrairement aux périodes antérieures, la progression de l'emploi domine dans les secteurs du transport, du commerce et des services. Il s'agit d'un indice clair que la consommation de masse étend ses ramifications par toute la société, facilitée qu'elle est par la croissance phénoménale du parc de véhicules moteurs. Sur le plan culturel, les canons de l'*american way of life*, amplement diffusés par le cinéma hollywoodien, par la télévision accessible à partir de 1952, par les magazines et par la publicité simplement traduite de l'anglais, s'institue comme l'une des références centrales à partir desquelles se compose le spectre des aspirations d'une très grande majorité de Québécois, les francophones y compris. Le succès que remporte, dès sa parution en 1945, le roman de Gabrielle Roy *Bonheur d'occasion*, et celui que connaît le téléfeuilleton *La famille Plouffe*, diffusé sur les ondes de Radio-Canada entre 1953 et 1957, témoignent des mutations de sensibilité et de mentalité à l'époque tout autant qu'elles les consolident.

Glissements

Au sortir de la Deuxième Guerre mondiale, certaines tendances inquiétantes pour le Québec, déjà à l'œuvre sur le continent nord-américain depuis les années 1920, s'accentuent. La région des Grands Lacs devient le cœur industriel de l'Amérique du Nord. À l'exception de New York, les villes américaines de la côte est sont déclassées par celles du centre-ouest. Un phénomène semblable survient au Canada. Le sud-ouest de l'Ontario, dont l'économie est stimulée par l'investissement direct américain dans le secteur de l'automobile et dans celui des biens d'équipement ménager surtout, se constitue, avec Toronto en son centre, comme le pôle industriel principal du Canada. Par rapport à la période précédente, Montréal — et le Québec en général — se positionnent en effet moins bien dans la dynamique économique continentale. La régression relative de Montréal et du Québec, attestée par le départ de plusieurs sièges sociaux en direction de Toronto et par la domination de la ville-reine comme centre boursier du Canada, est en partie cachée par le fait que la province connaît après la guerre une forte croissance. C'est dire qu'en même temps qu'il se décentre, le Québec avance d'après ses indicateurs de vitalité économique.

Crispations

De 1945 à 1957, année où s'amorce une légère déprime, le Québec est en effet sur son erre d'aller. Emportée par toute l'économie nord-américaine, la province connaît alors une croissance qui reste à ce jour l'une des plus intenses de son histoire. Les investissements manufacturiers sont importants. Le moyen-nord québécois est littéralement ouvert à la colonisation industrielle, avec cependant pour conséquence d'empirer le sort des groupements autochtones qui y habitent. De manière générale, la transformation du paysage économique et social de la province est sidérante. Celle-ci se fait toutefois de manière inégale à travers l'espace. Ainsi, la campagne éloignée est laissée pour compte. Certaines régions — la Gaspésie, la Côte-Sud et le Bas-Saint-Laurent par exemple — s'enlisent dans la marginalité alors que d'autres espaces — ceux de Montréal, de Québec, du Saguenay–Lac-Saint-Jean et de la Côte-Nord en particulier — progressent rapidement.

La poussée que connaît le Québec après la guerre n'est pas sans générer certains effets pervers. La dilapidation des ressources naturelles, la pollution environnementale et l'entassement urbain, vécu en français, en anglais ou en d'autres langues par tous ceux qui appartiennent au prolétariat des villes, comptent parmi les principaux problèmes qui affligent la province. La croissance qui marque le Québec se heurte par ailleurs, à mesure que l'on avance dans le temps, à l'état du développement de ses infrastructures matérielles et à la situation de son capital humain. Ainsi, il apparaît évident que le système routier du Québec, à Montréal comme dans la vieille capitale, est impropre à répondre aux besoins du trafic existant et de la circulation rapide des marchandises. Il s'avère également que le système d'éducation — celui que fréquentent en tout cas les jeunes francophones — est incapable de former, en qualité et en quantité suffisantes, le type de main-d'œuvre requise par une industrie qui consomme dorénavant plus de travailleurs spécialisés que de manœuvres. Dans sa structure et ses missions, l'État du Québec semble tout aussi mal adapté aux « conditions de poursuite d'une croissance soutenue », un vocable qui devient leitmotiv chez une partie de l'élite pensante à l'époque. Malgré la prospérité générale que connaît la province, il appert enfin que de larges segments de la population sont exclus des bénéfices de la croissance, une situation gênante aux yeux des tenants de la démocratie de masse.

Toutes ces déficiences sont relevées par bien des discoureurs dans les années 1950. Les regroupements de gens d'affaires sont particulièrement durs dans leurs critiques contre l'administration publique. Ils pressent le gouvernement d'agir en vue d'arrimer le Québec à la nouvelle donne posée par l'avènement d'une société de production et de consommation de masse.

Revoir le duplessisme

Or c'est là que le bât blesse. Dirigé depuis 1944 par Maurice Duplessis, le gouvernement du Québec n'assume que partiellement cette donne. Figure charismatique et autoritaire, Duplessis cherche en effet à mener la province vers l'avenir sur un mode qui ne rompt pas trop avec ce que lui et ses partisans, qui sont nombreux, croient être l'identité historique spécifique du Québec. Pour les duplessistes, cette identité renvoie à un ensemble de particularités développementales, institutionnelles et morales qui situent la province dans un lieu d'être collectif qui n'est ni celui du libéralisme ni celui du socialisme, bien sûr, mais celui du conservatisme et celui du conformisme chrétien, vecteurs de protection et de promotion d'une nationalité canadienne-française dont la province est considérée comme le foyer au Canada. «Restons traditionnels et progressifs», telle est l'une des formules paradoxales qui incarnent le mieux le mode de passage à l'avenir que Duplessis et ses acolytes envisagent pour la province. Cette formule est intéressante, car elle a l'avantage de poser l'homme au centre d'une ambivalence de pratiques dont on a l'habitude de l'extirper pour recomposer le personnage sous les traits univoques d'un «roi-nègre» voué au retardement du Québec. Il est pourtant indispensable, si l'on veut saisir les logiques inhérentes au régime duplessiste, de sortir du cliché de la Grande Noirceur — sans pour autant tomber dans l'exercice contraire du «blanchiment purificateur».

Ainsi, on a tort de croire que le gouvernement Duplessis n'est pas interventionniste. Il l'est au contraire. Mais son action consiste en une fuite vers l'avant plutôt qu'elle découle d'un plan orchestré de remodelage du Québec. Parer au plus pressant, combler les trous, se ménager l'appui de certains grands acteurs collectifs, notamment l'Église qui reste imposante, répondre à la litanie des demandes particulières sans hypothéquer les finances publiques, tels sont les principes de gouverne du Chef. L'idée de planter les conditions structurelles pour sortir la province d'un type de développement qui en inquiète plus d'un est une option que Duplessis et son gouvernement n'envisagent pas. Au chapitre du mode d'intervention publique, le régime duplessiste se distingue franchement de ce qui se fait à la même époque à Ottawa ou à Toronto, milieux où l'idéologie keynésienne progresse rapidement. Les incompatibilités croissantes entre le mode de régulation prôné par Duplessis et celui que préconisent les nouveaux mandarins du fédéral expliquent d'ailleurs en bonne partie la fronde — rehaussée par une rhétorique nationaliste de bon aloi — du premier ministre québécois à l'endroit d'Ottawa.

À l'encontre de ce que l'on prétend facilement, Duplessis n'est pas davantage opposé à l'essor industriel. Il le soutient plutôt sans ambages. Comme Taschereau, qu'il critiquait vertement pour ses liens avec les trusts, Duplessis ouvre grand les portes de la province au capital canadien-anglais et au capital étranger, notamment américain. Duplessis est d'ailleurs soucieux de maintenir avantageuses les conditions propres à l'investissement de capital au Québec. C'est dans ce contexte qu'il faut comprendre la promulgation par son gouvernement de législations assez défavorables aux ouvriers et son parti pris affiché pour le patronat à l'occasion des grands conflits de travail de Valleyfield en 1946, d'Asbestos en 1949, de Louiseville en 1952 et de Murdochville en 1957. C'est par rapport à cette même donne, soit attirer à tout prix le capital étranger au Québec en ménageant des retombées au capital local, qu'il faut envisager sa générosité à l'égard des entreprises désireuses de tirer profit des réserves de minerais, d'eau ou de bois du moyen-nord québécois.

Au sein de la société québécoise se trouvent des acteurs, minoritaires mais bruyants, certains francophones et d'autres non, pour qui la régulation duplessiste est un facteur de retardement de la province.

Au fond, malgré son discours à forts relents ruraux, Duplessis n'est pas contre le changement provoqué par l'industrialisation. Pour lui, ce changement doit toutefois s'opérer de manière ordonnée. À ses yeux, « le progrès, c'est la tradition en marche ». D'où ses réserves, voire son combat, à l'égard de ce qui réoxygène excessivement ou trop rapidement la société, y compris du côté des productions culturelles. Quant à la prospérité, elle ne doit pas engendrer l'irresponsabilité des gens ni altérer leur sens du dévouement. Pour Duplessis, le triumvirat moral de la société québécoise — ordre, responsabilité et devoir, valeurs particulièrement bien incarnées par le monde rural selon lui — est le fondement inaltérable sur lequel la province doit continuer de s'élever et d'avancer. Cette vision du destin québécois est au cœur du mode de régulation publique préconisé par le premier ministre et dont les maîtres mots sont, d'un côté, vendre, ouvrir et développer, et, de l'autre, mater, restreindre et contrôler.

Vision concurrente d'avenir

Au sein de la société québécoise se trouvent pourtant des acteurs, minoritaires mais bruyants, certains francophones et d'autres non, pour qui ce mode de régulation est un facteur de retardement de la province. La préférence de ces protagonistes pour la régulation keynésienne, qui suppose une intervention marquée de l'État dans la détermination des conditions de la croissance et dans l'aménagement général de la société, repose sur l'idée voulant qu'il soit possible pour les collectivités d'agir sur elles-mêmes et de planifier leur devenir dans la perspective d'une conception généreuse du bien-être pour tous.

Les partisans de la régulation keynésienne forment un rassemblement assez hétéroclite d'intervenants. Ils comprennent bien sûr des syndicalistes et des universitaires frais moulus aux idées avant-gardistes de l'époque. Mais ils comptent aussi en leurs rangs un nombre significatif de membres du clergé, de membres des mouvements de jeunesse, de membres du secteur coopératif, de journalistes et d'artistes, voire de membres d'associations patronales. Ces acteurs se regroupent sous une bannière assez large et soutiennent une cause d'abord pragmatique. Cette cause s'enracine dans le postulat voulant que la gérance, par le pouvoir en place et les institutions dominantes au sein de la société, l'Église y compris, de l'héritage collectif et de l'héritage canadien-français, ne soit pas à même d'assurer le meilleur avenir possible à la province de Québec. Pour avancer, celle-ci doit se donner de nouvelles priorités. Il est indispensable aussi qu'elle modernise ses principes d'organisation et renouvelle son répertoire de références.

On comprend qu'il y ait eu, entre les partisans de la « régulation duplessiste » et ceux qui n'en sont pas ni n'en veulent, des différends acerbes. En apparence, le régime impose ses diktats. La sanction de la loi du Cadenas en 1937, l'affaire Roncarelli en 1946 et la mise en exil de Paul-Émile Borduas, coauteur du fameux manifeste *Refus global* publié en 1948, constituent trois épisodes emblématiques de l'autoritarisme du Chef. Les dénonciations à outrance du père Georges-Henri Lévesque et de certains intellectuels socialement engagés, pour ne rien dire des imprécations lancées contre quelques abbés aux propos mordants, en témoignent tout autant. Dans les faits, puisque la critique professée à l'endroit de Duplessis est fondée et qu'elle émane de différents milieux et acteurs, en particulier la jeunesse catholique qui rassemble des milliers d'adeptes de la modernisation, les opposants au régime et à sa figure tutélaire marquent des points. Sous le couvert de la marmite duplessiste, l'eau québécoise — bénite ou pas — s'agite.

Force et fin du régime

Il ne faut cependant pas exagérer l'étendue des ravages causés par la critique sociale dans le Québec des années 1950. Politicien habile pratiquant le patronage à grande échelle et tolérant même la corruption,

Duplessis profite de toutes les situations pour consolider les assises de son gouvernement. Qu'on en juge :

- Tirant à merveille sur la fibre nationaliste des francophones déjà tendue par la crise de la conscription en 1942, le Chef multiplie les gestes politiques à caractère autonomiste : il fait adopter le drapeau québécois en 1948, dénonce les envahissements du fédéral dans les champs de compétence du Québec et instaure un impôt provincial sur le revenu en 1954. Pourtant, il ne remet pas en cause la prédominance de la minorité anglo-montréalaise dans l'économie provinciale ni ne contrecarre l'expansion de l'anglicité au Québec, notamment dans les milieux d'immigrants. Ce faisant, Duplessis concilie paradoxalement les intérêts et les aspirations des nationalistes franco-québécois et ceux de l'*establishment* anglo-québécois.

- Évaluant bien le poids du monde rural dans son maintien au pouvoir, le premier ministre multiplie les initiatives agréables aux cultivateurs. Il met sur pied le crédit agricole en 1936, électrifie les campagnes à partir de 1945 et crée l'Office des marchés agricoles en 1956. Cela lui vaut l'appui des comtés ruraux lors de chaque élection.

- Attentif aux humeurs idéologiques de l'époque (la chasse aux sorcières communistes fait rage à l'échelle du continent), Duplessis éperonne avec roublardise tous ceux qui contestent la représentation qu'il se fait du « type canadien-français » — un être responsable et ordonné, dévoué et religieux, modeste et fidèle à sa patrie, pacifique et à sa place. Agissant ainsi, Duplessis se fait gardien de la tradition, défenseur du peuple contre les maux qui le rongent de l'intérieur et ami des conservateurs.

- Soucieux du sort des petites gens, Duplessis parle à « son » peuple comme un père s'adresse à ses enfants ou un curé harangue ses ouailles. Tribun populacier, il exploite les frustrations et la vulnérabilité des siens. Il les ligue contre les « oppresseurs » et les « enrôleurs » (les trusts et les syndicats), contre les « discoureurs à la parole facile » et les « traîtres à la patrie » (les universitaires et les journalistes, les libéraux et les partisans du centralisme fédéral), contre les « opportunistes » et les « profiteurs du système » (les grévistes) et contre les « infidèles » à l'Église catholique (les athées, les anticléricaux et autres « hérétiques », y compris bien sûr les communistes et les homosexuels). Sur cette base, le Chef s'élève comme grand protecteur des « petits », des « humbles » et des « vertueux », trois figures identitaires dans lesquelles se reconnaissent bien des Canadiens français à l'époque.

La capacité de Duplessis à gouverner la province d'une manière qui satisfasse des acteurs aux intérêts variés explique qu'il ait été réélu de 1944 jusqu'à sa mort. Certains prétendent d'ailleurs que n'eût été le décès du Chef en 1959, l'Union nationale aurait été reconduite au pouvoir aux élections suivantes.

En réalité, nul ne sait ce qui serait arrivé. Il faut toutefois nuancer l'interprétation qui veut que la Révolution tranquille ait été le produit d'une volonté largement partagée par la population pour un changement radical de l'ordre des choses. Le désir de rénovation perceptible au sein de la société québécoise de l'époque est en réalité modeste, réformiste et pragmatique. Pour la majorité des gens, il s'agit moins de rompre avec une situation intolérable que de modifier certaines pratiques de régulation, de moderniser des cadres d'action et d'apporter des ajustements au programme de développement de la province. C'est cette transition douce mais convaincue, inaugurée par un retentissant « Désormais », qu'amorce Paul Sauvé, successeur désigné à Duplessis, durant un mandat écourté à cent jours par sa mort subite.

Affiche électorale de l'Union nationale. (*Archives nationales du Canada, C-87690*)

Alors que, au Québec, la chaîne CBFT commence à diffuser sa programmation régulière à partir de septembre 1952, la télévision américaine a déjà procédé à la présentation de rencontres sportives en direct, notamment la Série mondiale de 1951.

Partie de baseball à la télévision canadienne, 25 juillet 1952 ; *dans Mémorial du Québec, Tome IV, p. 329.*

Avant la construction de Place Ville-Marie, vers la fin des années 1950, l'édifice Sunlife était le plus grand du Commonwealth.

Édifice Sunlife, 2003. Lloyd Gross fotoproze. (Tous droits réservés)

La grève d'Asbestos, 1949. (The Montreal Star, *Archives nationales du Canada, PA-130357*)

La Fête-Dieu à Québec, 1944. Jean-Paul Lemieux; huile sur toile, 152,7 × 122 cm.
(Musée national des beaux-arts du Québec, 45-41; photo: Patrick Altman)

Le dévoilement du drapeau
du Québec en 1948.
(La Presse, Montréal)

5

Réorientation

L A RÉVOLUTION TRANQUILLE est un épisode de l'histoire du Québec qu'il faut traiter avec soin. Dans l'imaginaire collectif, les années 1960 coïncident en effet avec un moment de grand basculement au cours duquel les Québécois d'héritage canadien-français liquident leurs figures identitaires traditionnelles, accèdent à la modernité, entreprennent de s'émanciper de leurs tutelles pérennes et s'élancent vers la conquête de lendemains meilleurs. Déboulonner ce mythe refondateur, comme il est possible de le faire en jetant sur ces années un regard mesuré, est un exercice qui se heurte au refus des Québécois, et notamment des francophones, de se défaire de cette référence cardinale à leur identité rafraîchie.

En pratique, les années 1960 correspondent à une période de remise en cause de certaines modalités d'organisation sociétale et des valeurs les accompagnant. Plutôt qu'une révolution radicale, c'est une réorientation d'ampleur, d'ailleurs parente de celle qui survient à l'époque dans bien des pays occidentaux, que connaît le Québec au cours des années 1960.

On aurait tort de croire en effet que la société québécoise bascule du jour au lendemain dans un état d'être et de représentation collective qui soit entièrement nouveau. La question du sentiment religieux des Québécois est intéressante à envisager sous l'angle du changement progressif plutôt que soudain. Ainsi, l'anticléricalisme et l'athéisme ne sont pas des phénomènes socialement significatifs au Québec à l'époque de la Révolution tranquille. Dans leur immense majorité, les Québécois sont croyants et religieux. Avec le temps, ils prennent toutefois leur distance par rapport à certaines prescriptions ecclésiastiques, plusieurs fidèles trouvant justification et légitimité à leur démarche dans les réformes lancées par le concile Vatican II. D'autres acteurs, toujours animés par la foi, cherchent hors du canon traditionnel des réponses spirituelles à leurs interrogations existentielles. Parmi ceux-là, un grand nombre s'investissent dans la mise en œuvre des réformes de la Révolution tranquille à travers une activité politique qui concrétise l'expression de leur foi dans un engagement social véritable. Tour à tour secrétaire de l'Action catholique canadienne, directeur du *Devoir*, intervenant politique majeur dans la société et ministre influent au sein du gouvernement du Québec dans les années 1980, Claude Ryan apparaît comme la figure archétypale de pareil cheminement individuel. Il ne faut pas voir de rupture dramatique entre les Québécois «révolutionnés» et leurs prédécesseurs. Fertile en nouvelles interrogations sociétales, la Révolution tranquille représente plutôt une sortie «techno-réformiste» au conservatisme libéral prévalant dans la province en matière de choix politiques et sociaux.

Pressions

De manière générale, les changements qui surviennent au Québec dans les années 1960 sont rendus possibles par le fait qu'une génération d'âge, née après la guerre et ensuite connue sous le nom de *baby boomers*, peut par sa seule force sociodémographique faire grande pression sur les structures, les institutions et les pouvoirs en place dans la province, lesquels se révèlent incapables de répondre aux nouveaux besoins émanant de la société civile. Ces changements sont en outre provoqués par les problèmes qui minent l'avancement du Québec dans le contexte canadien et continental. Le déphasage que connaît la province par rapport à d'autres zones nord-américaines en forte remontée suscite d'ailleurs une prise de conscience aiguë chez un grand nombre d'intervenants publics — un André Laurendeau, par exemple, qui concrétise son statut de grand parolier pour les siens. Que faire pour promouvoir le Québec en général, et sa majorité de langue française en particulier, au moment où il apparaît que le risque d'excentration augmente pour la province comme pour le groupement?

Il ne faut pas voir de rupture dramatique entre les Québécois «révolutionnés» et leurs prédécesseurs. Fertile en nouvelles interrogations sociétales, la Révolution tranquille représente une sortie «techno-réformiste» au conservatisme libéral.

C'est avec cette question en tête et quelques idées en poche que Jean Lesage et son « équipe du tonnerre » entreprennent de gouverner la province en juin 1960. Sans être improvisées, les réformes initiées par le Parti libéral du Québec ne sont pas l'expression d'un grand plan d'ensemble concocté dans ses moindres détails. Les années 1960-1966, qui coïncident avec la période où sont ouverts les chantiers les plus imposants de la Révolution tranquille, sont en effet marquées par le tâtonnement et l'innovation de même que par l'échec. Il faut reconnaître à certains *leaders* — un René Lévesque, un Paul Gérin-Lajoie ou un Georges-Émile Lapalme par exemple — de formidables talents de visionnaires et d'extraordinaires capacités de mobilisateurs pour gagner à leurs vues leurs collègues du cabinet et la population en général. Il faut apprécier chez d'autres décideurs — un Jean Lesage ou un Eric Kierans notamment — une faculté d'opportunisme et de pragmatisme politiques qui ont permis aux initiateurs de projets de mener leur tâche jusqu'au bout.

Rénovation

À l'instar de toute période historique, les années 1960 sont marquées par une foule de changements paradoxaux. Ce que l'on appelle la Révolution tranquille correspond en premier lieu à un effort explicite de rénovation de la société québécoise pour la réorienter vers des horizons plus radieux.

Recentrage

Au début des années 1960, plusieurs observateurs provenant de milieux variés considèrent qu'il faut contrer le glissement que connaît le Québec dans l'espace canadien et nord-américain. Mais comment le faire, sachant que les marchés délaissent la province au profit d'autres zones qui se constituent en pôles de croissance concurrents ?

Le choix pragmatique que posent à l'époque les décideurs politiques — conseillés en ce sens par de brillants technocrates au titre desquels figure Jacques Parizeau — est celui de l'État du Québec. Concrètement, il s'agit d'utiliser l'État comme moyen de redressement économique et levier de développement pour la collectivité. C'est dans ce contexte que l'État québécois est fait grand capitaine d'industrie et grand initiateur de travaux d'infrastructure. Dans les années 1960 sont ainsi créées une foule de sociétés publiques dont les sigles — SGF, SOQUEM, SOQUIP, REXFOR, CRIQ — deviennent de véritables enseignes identitaires pour les Québécois. C'est au cours de la même décennie que s'amorce, sous la direction d'Hydro-Québec fondée en 1944 mais revigorée en 1960, la mise en valeur du potentiel hydroélectrique du grand-nord québécois, une entreprise qui exaspère au départ les Autochtones mais à laquelle il s'associent bientôt comme partenaires majeurs.

Grâce à l'État porté au rang de figure emblématique d'une collectivité qui, dorénavant, se perçoit comme moderne, on tente également de régler l'un des problèmes structurels à la possibilité des Québécois de développer l'économie de la province : le manque de capitaux. L'État du Québec agit donc aussi comme grand financier et grand emprunteur sur les marchés internationaux. Par la création en 1965 de la Caisse de dépôt et de placement du Québec, on essaie par ailleurs de recycler l'épargne des Québécois au profit de projets ayant d'importantes retombées locales, manière de stimuler l'économie provinciale et de fortifier le Québec comme zone économique. Par des interventions à caractère régionaliste couplées à celles du gouvernement fédéral, l'État tente enfin de corriger l'une des tendances de fond propres à l'économie de marché, soit le développement inégal et concentré du territoire. C'est dans ce contexte qu'est créé en 1963 le Bureau d'aménagement de l'Est du Québec et qu'est institué, six ans plus tard, l'Office de planification et de développement du Québec.

Promotion

Bien que majoritaires dans la province, les Canadiens français se situent assez bas dans l'échelle des revenus au début des années 1960. La propriété des entreprises établies au Québec, notamment les grandes entreprises, leur échappe aussi largement. Sans vouloir causer de préjudice à qui que ce soit, l'idée s'impose de mettre fin à ces deux situations qui maintiennent les Canadiens français dans une condition d'infériorité économique au sein même de leur foyer.

Si les francophones du Québec, à l'encontre des Noirs américains auxquels Pierre Vallières les compare allègrement en les qualifiant de « nègres blancs d'Amérique », ne bénéficient pas de programmes institués d'« affirmation positive », ce sont eux qui profitent le plus de la transformation de l'État en aiguillon de promotion collective. Non seulement les francophones investissent en masse la fonction publique provinciale, mais, forts du soutien de l'État, ils se lancent aussi en affaires, délaissant leurs créneaux traditionnels pour se hisser, comme joueurs influents, dans l'arène économique canadienne, voire continentale.

Émerge au Québec, sur une période de trente ans, une importante classe d'affaires francophone — labellisée Québec inc. — qui, dans quelques secteurs industriels et commerciaux, devient dominante au pays. Grâce au rattrapage effectué sur le plan de l'instruction publique et de l'éducation supérieure, les francophones se donnent en outre les moyens de prendre leur place sur le marché de l'emploi privé, y compris au chapitre des postes prestigieux et bien rémunérés. La promulgation de la Charte de la langue française en 1977 vient renforcer la position générale des francophones au sein de l'économie et de la société québécoises.

Redressement

On l'a dit, les grandes institutions liées à l'entretien et à la valorisation de la ressource humaine comme facteur de production sont, au Québec, essoufflées ou considérées inefficaces au début des années 1960. Incapables de répondre à la demande causée par la croissance démographique et par la transformation des genres de vie, ces institutions ne sont pas davantage en mesure de satisfaire les exigences de formation des individus dans une socioéconomie à rendement élevé et faisant grand usage de technologies. Aux yeux de très nombreux intervenants, y compris des élites cléricales clairvoyantes, des coups de barre doivent être donnés. La Révolution tranquille apparaît sous bien des aspects comme une grandiose entreprise de réinvention des appareils visant à assurer le cycle d'entretien et de reproduction de la ressource humaine dans une société soumise aux logiques de la production et de la consommation de masse.

Cette opération de redressement s'étend du début des années 1960 au début des années 1980. Influencée par l'action régulatrice du gouvernement fédéral sur l'ensemble de la société canadienne et fermement soutenue par le mouvement syndical qui s'élève comme acteur social majeur, la démarche de « raplombage » n'est remise en cause par aucun des gouvernements s'étant succédé à Québec au cours de cette période, qu'il soit libéral, unioniste ou péquiste. Elle se concrétise autour de trois grands chantiers d'intervention : l'éducation, la politique sociale et la santé.

• L'éducation

L'une des priorités auxquelles s'attaque le gouvernement Lesage dès le début de son mandat est celle de mettre à niveau le système d'éducation québécois. Par rapport au reste du Canada, et plus encore par rapport à l'Ontario, le Québec accuse en effet, au début des années 1960, un déficit important au chapitre de la fréquentation scolaire et de l'accès aux études supérieures. La situation est particulièrement grave chez les francophones. Elle explique en bonne partie leur place désolante dans l'échelle de la stratification économique et sociale. Il appert également que de nombreux programmes de formation générale ou spécialisée répondent mal aux exigences d'un marché de l'emploi en pleine restructuration. Or la province pâtit de cette situation déplorable. C'est dans ce contexte que le gouvernement décide de réévaluer le système d'enseignement au Québec.

La Révolution tranquille apparait sous bien des aspects comme une grandiose entreprise de réinvention des appareils visant à assurer le cycle d'entretien et de reproduction de la ressource humaine dans une société soumise aux logiques de la production et de la consommation de masse.

À la suite de la publication du *Rapport de la Commission royale d'enquête sur l'enseignement dans la province de Québec*, communément appelé Rapport Parent, le monde québécois de l'éducation est bouleversé. Il est soumis aux logiques de la massification, à ses avantages comme à ses inconvénients. Si l'accès à l'instruction est étendu et facilité par la mise sur pied des polyvalentes, par la création des cégeps en 1967 et par l'implantation du réseau de l'Université du Québec en 1968, le principe des programmes standardisés de formation gérés par une direction centralisée, celle du ministère de l'Éducation créé en 1964, est également instauré. Dans l'organigramme général de la société québécoise, le secteur de l'éducation devient, avec la réforme, un sous-système intégré à un TOUT qui le dépasse et le détermine. Si la gestion technocratisée du système scolaire entraîne des ratés dont témoignent les conflits de travail qu'il ne cesse d'engendrer, rien n'empêche que, dans les années 1960 et même après, la jeunesse québécoise, soutenue par la génération précédente qui voit dans l'instruction le moyen d'une mobilité sociale ascendante pour ses rejetons, carbure à la devise fort populaire de «Qui s'instruit s'enrichit».

• La politique sociale

Au Québec comme dans toutes les sociétés du monde, il y a des populations dont les conditions d'existence sont préoccupantes. Bien que le XXe siècle soit marqué par une prise de conscience grandissante des collectivités à l'égard de leurs déshérités, les années 1960 coïncident avec la mise en œuvre d'une nouvelle approche visant à contrer le phénomène de l'insuffisance de revenu et celui de l'intégration problématique des individus dans la société globale. L'objectif visé est ambitieux. Par l'entremise d'interventions publiques massives ou ciblées, il s'agit de corriger les comportements déviants ou déficitaires des personnes, cela en vue de permettre leur réinscription dans une norme sociale de consommation et de participation considérée comme désirable pour tous.

C'est ainsi qu'au fil des ans sont implantées plusieurs mesures visant à combler le manque à gagner des personnes connaissant une situation d'insuffisance de revenu (programmes de soutien au revenu), à régulariser le comportement de ceux qui échappent aux normes sociales de consommation et de participation propres à la société globale (programmes d'assistance sociale ; pratiques d'animation sociale ; politique de loisirs), à bonifier le cadre d'existence des familles et des individus vivant une situation jugée déficitaire sur le plan des conditions d'habitation (politique de logement ; politique de rénovation ou de revitalisation urbaine) et à aider spécifiquement les catégories sociales vulnérables ou à risque (politique de la vieillesse, politique de la famille et de l'enfance).

Le résultat de cet effort gigantesque de régulation des démunis, des déclassés et des disqualifiés — et plus généralement de toute la société par le biais du système fiscal — n'est pas négligeable. Pour en mesurer l'effet macroscopique, on a parlé d'une véritable « révolution tranquille des modes de vie ». Fait à noter, tous ces programmes visant à favoriser l'intégration des masses au monde du travail salarié et à celui de la consommation marchande sont conçus à l'aune des nouvelles valeurs propres aux démocraties occidentales de l'époque : la justice, la redistribution, la protection, le droit au bien-être, l'égalité et la sécurité sociale. Quant à la gestion des programmes, elle s'effectue selon les critères les plus pointilleux de l'administration systémique, c'est-à-dire qu'elle est bureaucratisée, standardisée et technocratisée.

Au début des années 1960, la situation des Québécois devant la maladie est inégale. Dans une société vouée à la justice distributive entre ses membres et cherchant à instaurer une gestion optimale de la ressource humaine, la chose paraît gênante. Pour corriger le problème, le gouvernement Lesage institue l'assurance-hospitalisation. Progressivement, la couverture du régime est étendue à d'autres services médicaux. Mais le gouvernement — passé entre-temps aux mains de l'Union nationale qui ne rompt pas avec les principes de la Révolution tranquille — pense à plus long terme. Il crée en 1966 la Commission d'enquête sur la santé et le bien-être social. Au terme de ses travaux, au début des années 1970, cette commission présente à son mandataire rien de moins qu'un mode entier de régulation de tout le champ du social au sein d'une société décisivement marquée par le salariat et par l'urbanité. La commission se penche non seulement sur la question de l'accès aux soins de santé en proposant d'implanter un système d'assurance-maladie, mais elle examine aussi un ensemble de questions collatérales allant de la maladie mentale à la vieillesse en passant par le bien-être social, la détérioration du milieu et la conservation de l'environnement, les fondements d'une nouvelle politique familiale et de l'enfance, l'assurance-chômage, les services sociaux, l'animation sociale, le loisir et l'insuffisance des revenus.

À l'instar du rapport de la Commission Parent, le rapport de la Commission Castonguay-Nepveu a un impact déterminant sur l'aménagement d'ensemble de la société québécoise désormais envisagée comme un tout intégré. La redéfinition du Québec comme société globale provoque d'ailleurs quelques heurts avec le gouvernement fédéral — lui-même engagé à l'époque dans une opération concurrente de régulation socioéconomique pancanadienne. À la suite des recommandations de la Commission Castonguay-Nepveu, le gouvernement du Québec adopte le régime d'assurance-maladie, puis réorganise le système de dispensation des services de santé et des services sociaux en 1970. Le ministère des Affaires sociales est créé en 1971. La même année voit naître les Centres locaux de services communautaires et les Conseils régionaux de la santé et des services sociaux.

Émancipation ?

On se souvient des années 1960 comme ayant coïncidé avec un vaste mouvement d'émancipation populaire par tout l'Occident. La montée

et des œuvres d'autres artistes ou écrivains qui font du Québec leur lieu de création universelle, combien de réalisations qui témoignent, de la part de leurs auteurs, d'une démarche médiocre menée au nom de l'idéologie à la mode du « moi sensible » ? Et pour un Fernand Dumont ou un Frank R. Scott qui n'ont de cesse de se pencher sur leur société à partir de points de vue originaux, combien de petits doctrinaires ayant réponse prémâchée à la question du Québec ?

Dans les années 1960 et 1970, les défigurations, abêtissements et aberrations côtoient assidûment les améliorations, embellissements et innovations.

Altercations

On a souvent dit que, dans les années 1960, les Québécois sont emportés par la fièvre du changement et qu'ils vivent au diapason d'une volonté de sortir d'un ordre révolu des choses. « Paix, amour et solidarité », telle est la devise incarnant apparemment cette époque où tout devient possible au présent.

La vérité est que la période qui s'ouvre avec les « six glorieuses » de la Révolution tranquille est marquée par d'intenses conflits entre différents groupes d'acteurs relativement à l'orientation générale de la société. Changer, oui, mais dans quelle direction, à quelle vitesse, en fonction de quelles valeurs et sous l'égide de quel orchestrateur, pour parvenir où et obtenir quoi, tout cela reste à déterminer.

Pour d'aucuns, inspirés par le mouvement de la décolonisation, par le tiers-mondisme montant, par le socialisme, le marxisme ou par quelque idéologie d'émancipation des peuples, il faut résolument sortir le Québec de son « état de survivance » et le libérer plus ou moins radicalement de sa « double aliénation » — le capitalisme et le colonialisme — de manière à l'orienter vers son salut par le socialisme et l'indépendantisme. Pour d'autres, plus pragmatiques et voués au rattrapage du Québec, il s'agit de moderniser les structures et les institutions existantes en vue d'offrir à la société québécoise, et à sa majorité francophone en particulier, l'élan nécessaire à son redressement et à sa réinsertion dans le peloton de tête des provinces canadiennes ou des nations du monde, c'est selon. Pour d'autres encore, il faut, comme membres d'un groupement d'intérêts — d'une classe, dit-on alors souvent —, maintenir sa part des richesses collectives ou viser à l'accroître en établissant avec l'adversaire un rapport de force inflexible, quitte, pour parvenir au but, à pratiquer le chantage idéologique, à recommander la désobéissance civile ou à user de violence. Pour un quatrième groupe d'acteurs, bénéficiaires des grands programmes de sécurité sociale ou tout simplement victimes de l'ogre bureaucratique, il importe de résister aux tentatives continuelles d'encerclement des mondes vécus par l'État technocratique pour sauvegarder sa liberté et continuer d'avoir droit de cité.

À côté de ceux qui veulent changer l'ordre des choses, il y a bien sûr des intervenants qui comptent maintenir le Québec dans le corridor rassurant du libéralisme tempéré, du capitalisme modéré et du conformisme bon chic bon genre. Or ceux-là obtiennent grand écho et audience. Réfractaire aux transformations radicales, la population québécoise appuie en effet, de manière générale mais constante, le changement mesuré. Elle se méfie également de ceux qui proposent des projets monovalents édulcorés d'argumentaires ingénus. C'est après avoir compris cette particularité de l'humeur québécoise — celle de s'épancher dans une fronde raisonnée et raisonnable enchâssée quelque part entre le confort et l'indifférence — que le Parti québécois, révisant sa stratégie électorale, gagne le scrutin provincial de novembre 1976. Promettant d'être un bon gouvernement avant tout, le PQ, au désespoir de plusieurs de ses partisans, s'engage en effet à agir avec une circonspection toute britannique en pratiquant le gradualisme et le sens de la modération...

Affirmation

Il est impossible d'aborder l'histoire du Québec à partir des années 1960 sans s'attarder à l'un des dynamismes centraux d'évolution de cette société, soit la quête d'affirmation des francophones comme groupement historique cherchant à (re)définir ses conditions d'avenir. Si l'orientation et les modalités de mise en œuvre de cette quête d'affirmation n'ont jamais fait consensus parmi ceux et celles qui l'ont supportée, la démarche affirmationniste a néanmoins constitué un terrain partagé d'intervention, tout au moins de sympathie, pour la très grande majorité des francophones du Québec.

Cette quête d'affirmation a été portée de différentes manières par les politiciens et les partis. Si les Lesage, Johnson (père et fils), Bertrand et Bourassa ont inscrit leur démarche de représentation des intérêts et des aspirations du Québec dans le cadre d'une problématique générale de l'ambivalence politique et identitaire, le destin du Québec a été envisagé de manière bien différente par les Trudeau ou Lévesque, chacun d'eux cherchant à «désambivalencer» les Québécois, le premier pour les «canadienniser» coûte que coûte, le second (et ses épigones Parizeau, Bouchard et Landry) pour les «québéciser» davantage.

La démarche d'affirmation québécoise, menée par des francophones à l'aune de nombreuses visions politiques (républicanisme, souveraineté, fédéralisme asymétrique, indépendantisme, égalité nationale, etc.), a provoqué bien des dérangements et nourri beaucoup d'espérance. Elle a parfois dérapé dans des violences spectaculaires mais socialement circonscrites — pensons à l'action du Front de libération du Québec en octobre 1970. Elle a entraîné des départs, souvent très médiatisés, chez ceux qu'elle contrariait ou qui la contestaient. Elle a provisoirement laissé les Québécois non francophones, de même que les Canadiens français hors Québec, dans une difficile ou déplaisante position politique et identitaire. Elle a attisé les passions et généré une énorme circulation discursive. À la suite de la proclamation du général de Gaulle au balcon de l'hôtel de ville de Montréal le 24 juillet 1967 («Vive le Québec... libre!»), la quête d'affirmation québécoise a obtenu un écho international important, d'autant plus que le Québec s'était donné les moyens d'investir les tribunes du monde par l'ouverture de délégations générales à Paris, à New York et à Londres.

Sur le plan politico-constitutionnel, la période qui va de la fondation du Parti québécois en 1968 à l'échec — par un fil — du deuxième référendum sur la souveraineté-partenariat en 1995 est marquée par une très grande intensité et sensibilité. La question nationale mobilise la force intellectuelle vive d'une bonne partie des Québécois. Si la langue constitue l'un des fronts sur lesquels sont engagées bien des batailles politiques et juridiques, la volonté du Québec de préserver sa place centrale au Canada, celle de s'afficher comme nation distincte dans le concert des nations du monde et celle de faire du gouvernement du Québec le régulateur principal du devenir des Québécois font également l'objet de luttes importantes entre acteurs au Québec même et avec les décideurs fédéraux. Internes au groupement francophone, ces luttes désaccordent aussi, parfois de manière violente, des Québécois de langue et de culture différentes. Malgré l'ampleur des différends qui séparent les protagonistes, les principes de la Charte québécoise des droits et libertés de la personne, au même titre que ceux de sa pendante canadienne, constituent un dénominateur commun sociétal respecté par la population.

Tout au long des années 1970 et 1980, deux options fondamentales n'ont de cesse d'être proposées aux Québécois dans le cadre de magistrales opérations de séduction politique. Pierre Trudeau, épousant la cause canadienne à l'intérieur de laquelle il avait décidé de repenser la question du devenir du Québec dans les années 1960, émerge comme l'un des grands tribuns avides d'attirer les Québécois, et notamment les francophones, à son projet. Bien que votant pour lui aux élections, les «appelés» ne souscrivent jamais complètement à sa cause — d'autant plus qu'elle se fait intransigeante et univalente. L'autre tribun majeur est René Lévesque. Affectionné des siens, il se révèle, malgré sa plus grande modération idéologique, aussi incapable que son *alter ego* politique et ancien compagnon de cause d'emporter la «mise québécoise».

Tout au long des années 1970 et 1980, deux options fondamentales n'ont de cesse d'être proposées aux Québécois dans le cadre de magistrales opérations de séduction politique : l'une incarnée par Pierre Trudeau, l'autre par René Lévesque.

Les années 1990 ne mettent pas fin à la volonté des Québécois de s'affirmer. Les mêmes enjeux : la primauté de la langue française, la place du Québec dans le Canada, sa reconnaissance comme société distincte (avec les prérogatives nationales et internationales en découlant) et la capacité du gouvernement du Québec d'agir comme maître d'œuvre du devenir québécois, restent au cœur de la vie politique provinciale. L'échec du référendum de 1995, qui coïncide avec l'amorce d'une transition générationnelle au Québec, semble ouvrir un nouveau chapitre de l'histoire québécoise. Arrivés nombreux à partir des années 1970 et surtout concentrés à Montréal, les néo-Québécois, à l'instar des Autochtones qui cherchent à intégrer la société globale sans abandonner leur culture ancestrale mais en faisant valoir leurs droits à titre de fiduciaires d'un territoire habité par eux depuis des lustres, s'imposent déjà parmi les signataires du programme d'avenir de cette société.

Tout au long de son parcours sur le chemin du Roy, entre Québec et Montréal,
le général de Gaulle reçoit un accueil chaleureux de la part des Québécois,
à l'été de l'exposition universelle.

Charles De Gaulle devant l'église de Sainte-Anne-de-la-Pérade, lundi le 24 juillet 1967.
(Photo : Maurice Cossette pour ouellette001.com)

Manifestation en faveur de l'indépendance du Québec dans les années 1960.
(Fonds Jules Rochon, Centre d'archives de Québec, Archives nationales du Québec, P743,D13 (03-Q))

Exposition universelle de Montréal, 1967. (Fonds Office du Film du Québec,
Centre d'archives de Québec, Archives nationales du Québec, E6, S7, P6711100)

Un grand projet hydroélectrique inauguré en 1968.

Barrage Daniel-Johnson (Manic 5). (Fonds Hydro-Québec (H1), Archives Hydro-Québec)

La Faculté des sciences
de l'Université McGill
et les édifices du centre-
ville en arrière-plan, 1969.
*(Centre d'archives
de Montréal, Archives
nationales du Québec,
E6, S7, SS1, P693031)*

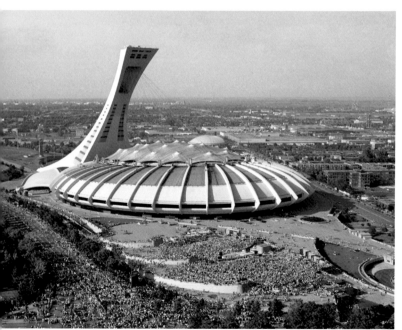

Photo prise le 24 juin 1990, alors que l'on reprenait le défilé traditionnel de la Saint-Jean-
Baptiste à Montréal, après une interruption de plusieurs années.

Stade olympique de Montréal. *(Source : Point Du Jour Aviation Ltée. Img 0040 ;
photo : Jean-Daniel Cossette)*

René Lévesque lors d'une convention
du Parti québécois dans les années 1970.

René Lévesque, chef du Parti québécois.
*(Canadian Heritage Gallery, www.canadianheritage.ca,
ID # 21068, Archives nationales du Canada,
NC PA-115039 ; photo : D. Cameron)*

Bannière hissée en 1988 sur la croix du sommet
du mont Royal et se référant à la Loi 101.

La croix du mont Royal. *(The Gazette, Montréal ;
photo : Nancy Ackerman)*

Village de la Baie-James 1971. *(Le Québec en images, CCDMD. 7080
quebec@ccdmd.qc.ca ; photo : Pierre-François Beaudry)*

6

Horizon

L E QUÉBEC est une société qui bouge et qui s'actualise constamment dans ses pratiques et ses représentations. Son avenir reste libre et ouvert. Un certain nombre de tendances de fond s'y manifestent toutefois qui contribuent à dessiner des horizons possibles à sa mouvance d'ensemble. Au total, c'est un Québec tout à la fois semblable et différent du précédent qui est en train de s'édifier.

Changements démographiques

La transformation du Québec est notamment visible sur le plan de sa structure démographique. Deux phénomènes concomitants se font ici sentir avec insistance : le vieillissement de la population et son renouvellement par l'apport migratoire.

Le vieillissement de la population

Comme d'autres sociétés occidentales, le Québec est marqué par le vieillissement relatif de sa population. Depuis le début des années 1960, la part des moins de 30 ans dans la population totale n'a pas cessé de diminuer. Or rien n'indique que la tendance s'essouffle. Il est d'ailleurs pronostiqué, si rien ne change, que l'âge médian de la population québécoise atteindra 44,5 ans en 2021 et 49 ans en 2051. Vu la sous-fécondité qui marque le Québec depuis un certain temps, il est prévu que le déclin de cette société, au chapitre du nombre absolu de ses habitants, s'amorce dans les années 2020, au plus tard au début des années 2030.

Les effets du déséquilibre tendanciel de la population québécoise en faveur des aînés sont importants et nombreux : hausse significative de la demande de soins de santé ; pression soutenue sur les régimes publics de rente ; décroissance prévisible de l'assiette fiscale ; transferts financiers intergénérationnels retardés ou diminués ; mutations rampantes dans les pratiques globales de consommation ; etc. Le vieillissement de la population est l'une des variables avec lesquelles les pouvoirs publics doivent de plus en plus composer dans leur opération générale de redistribution des richesses collectives. L'enjeu de la santé est devenu le sujet numéro un de la délibération publique au Québec. À cause peut-être du poids des *baby boomers* dans la société, il semble que la collectivité soit prête à assumer le fait qu'une part croissante des dépenses publiques soit affectée au poste de la santé. Il appert également que les Québécois acceptent qu'une portion grandissante de la richesse collective serve à maintenir les régimes de pension existants au profit des retraités actuels et des futurs retraités. Ces choix auront à terme des incidences majeures sur l'investissement public dans des secteurs cruciaux pour l'avancement collectif et pour le maintien du Québec comme société concurrentielle.

L'influx migratoire

Le Québec a été de tout temps un espace ouvert à la circulation des hommes et des femmes. Bien que d'ascendance française surtout, la population québécoise a toujours inclus en son sein des groupements d'individus dont les origines ethniques ou linguistiques étaient autres. Depuis une trentaine d'années, l'apport de l'immigration à la croissance de la population québécoise est déterminant. Pour certains, cette situation est inquiétante. À leurs yeux, la venue d'étrangers au Québec pose en effet une inconnue en ce qui touche aux possibilités de consolidation d'une société francophone en Amérique du Nord. Selon la majorité, l'immigration apparaît toutefois comme une carte maîtresse pour l'avenir du Québec qui s'est donné les moyens d'intégrer les nouveaux arrivants à sa problématique linguistique et culturelle.

À l'heure présente, il appert que le renouvellement de la population québécoise découlant de l'apport migratoire produit des effets stimulants. Ces effets sont observables au chapitre de l'actualisation constante de la culture québécoise. Cette culture diversifiée se régénère en effet au contact de la « différence » intégrée à sa figure globale et à son répertoire de références. Ces effets positifs sont tout autant vérifiables dans le fait que les immigrants, qui veulent participer au présent à la construction de la société québécoise et qui considèrent que l'espace public de cette société est francophone, acceptent généralement la donne linguistique du Québec. Souvent polyglottes, les allophones contribuent à l'expansion du fait français au Québec dans un cadre de plus en plus marqué par le plurilinguisme.

Restructuration de l'espace socioéconomique

Depuis quelque temps, le territoire québécois est marqué de manière exacerbée par des dynamismes de développement concentrés et inégaux. À telle enseigne que certains n'hésitent plus à opposer le Grand Montréal au « Reste du Québec ».

Montréal comme cité mondialisée

Cela ne fait aucun doute, Montréal est au cœur du devenir québécois. Avec Ottawa et Toronto, elle forme un triangle économique sans égal au Canada. À l'échelle continentale, malgré certains hiatus persistants, Montréal a redressé sa position durant les années 1990. Dans certains secteurs de haute technologie, la métropole du Québec se plaît même à concurrencer quelques villes nord-américaines d'importance comparable ou plus importantes sur le plan démographique. À l'échelle internationale, Montréal reste évidemment une ville secondaire. Cela ne l'empêche pas, après Paris, d'être une référence cardinale au sein du monde francophone.

Le statut de Montréal comme cité globale en émergence fait de la métropole du Québec une ville qui se distingue de toute autre agglomération québécoise. Elle se différencie des autres cités non seulement par le volume et la diversité culturelle et linguistique de sa population, mais par le fait aussi que les Montréalais reconnaissent être porteurs d'une identification, voire d'une culture, particulières, celles-ci étant qualifiables par le terme de « montréalité ».

Souvent polyglottes, les allophones contribuent à l'expansion du fait français au Québec dans un cadre de plus en plus marqué par le plurilinguisme.

En dépit du fait que la montréalité des Montréalais se fasse parfois condescendante à l'égard de ce qui se situe hors d'elle, on aurait tort de minimiser sa réalité qui renvoie à une distinction montréalaise en voie de consolidation au sein de l'espace québécois. À terme, il y a la possibilité d'une configuration identitaire globale assez différente entre le Grand Montréal d'un côté et le « Reste du Québec » de l'autre. Nulle intention ici d'attribuer à la montréalité une quelconque propriété supérieure par rapport à d'autres identifications, identités ou configurations identitaires observables ailleurs au Québec. Il s'agit simplement de reconnaître l'existence de cette montréalité et d'admettre qu'elle fonde objectivement et nourrit subjectivement l'apparition d'une conscience et de pratiques identitaires spécifiques chez ceux qui inscrivent intensément leur vie au sein des sociabilités métropolitaines.

Centre et périphérie : des déphasages accentués

Les incidences de la mondialisation sur la formation de « cités globales », d'une part, et la volonté ferme du gouvernement du Québec de faire de Montréal l'aiguillon du positionnement du Québec comme zone forte dans l'économie continentale et internationale, d'autre part, ont eu pour effet de raffermir la centralité de Montréal et de sa ceinture dans l'espace québécois.

Cette stratégie d'insertion du Québec dans la dynamique de l'économie mondiale, par l'entremise du « tremplin montréalais », a eu plusieurs conséquences pernicieuses. La plus visible de ces conséquences a trait au déclin relatif des régions-ressources dans la socioéconomie québécoise. À moins de freiner le mouvement en cours par on ne sait quel méga projet de régénération des milieux locaux, il semble que les régions-ressources du Québec — la Gaspésie–Îles-de-la-Madeleine, le Bas-Saint-Laurent, la Côte-Nord, le Saguenay–Lac-Saint-Jean, la Mauricie-Bois francs et l'Abitibi-Témiscamingue — vont régresser par rapport à leur situation précédente. À l'heure actuelle, ces zones faibles perdent une bonne partie de leur main-d'œuvre active, y compris la jeune relève. Incapables d'attirer en leur sein d'autres entreprises que celles qui exploitent les richesses naturelles ou se spécialisent dans la production de métaux primaires, ces régions lient leur avenir au destin de grands groupes industriels dont les intérêts sont internationaux bien avant d'être locaux. De ce point de vue et malgré les masses d'investissements dirigées par tous les ordres de gouvernement vers les espaces excentrés, la problématique des régions-ressources au Québec n'a pas vraiment changé depuis un siècle. L'économie de ces zones reste fragile et soumise aux vicissitudes de facteurs exogènes de croissance. Il s'agit d'espaces qui ont du mal à soutenir la concurrence des grands centres et qui peinent à engendrer par eux-mêmes les facteurs de leur relance.

Quelle solution pour les régions-ressources? Au dire de certains, tout serait affaire de décentralisation ou de délocalisation des pouvoirs en faveur d'une gouvernance régionale et locale. Pourtant, rien ne permet d'affirmer que cette solution serait gagnante. Les dynamismes structurels de développement ne sont pas faciles à modifier ou à inverser. Au Québec même, les régions-ressources se trouvent par ailleurs en concurrence avec d'autres milieux pour se positionner avantageusement dans l'ordre économique mondial. Montréal et sa ceinture, d'une part, et l'Outaouais et les Cantons de l'Est, d'autre part, détiennent à ce chapitre plusieurs longueurs d'avance. Il appert que les régions-ressources de la province sont, à court terme, condamnées à décliner. Pour améliorer leur sort, elles devront capitaliser sur leurs dotations traditionnelles, exploiter leur potentiel écotouristique, se spécialiser dans quelques créneaux industriels porteurs d'avantages comparatifs et tirer profit de l'allégeance et de la fidélité régionalistes de leurs populations.

Stratification sociale

Soumise aux effets provoqués par la mondialisation de l'économie, d'une part, et à ceux découlant de la complexification poussée des processus productifs, d'autre part, la société québécoise connaît d'importants changements au chapitre des modes et des formes de stratification sociale qui la caractérisent.

Dualisation de la société?

De manière générale, cette société tend à se scinder en deux mondes socioéconomiques juxtaposés, mais intégrés. Le «premier monde» est marqué par la forte mobilité ascendante des individus qui y évoluent, et ce nonobstant leur appartenance linguistique ou culturelle. Dans ce monde se rangent tous ceux qui détiennent des expertises convoitées ou qui jouent un rôle clé dans le processus de germination et de dissémination des idées ou des décisions à travers la société. Y figurent aussi ces hommes et ces femmes qui, comme migrants privilégiés, peuvent se déplacer dans l'espace physique du globe pour accompagner la circulation internationale du capital industriel ou financier. Appartiennent également au «premier monde» ceux qui, à titre d'employés ou d'indépendants, exercent des fonctions supérieures d'administration ou de soutien-conseil.

Dans le « deuxième monde » se retrouvent tous ces gens qui ne disposent d'aucune compétence particulière ou qui n'ont qu'une force de travail ou une capacité intellectuelle « ordinaire » à offrir. On y rencontre également, outre les migrants affligés, les travailleurs et les employés qui œuvrent dans les secteurs vulnérables ou déclassés de l'économie. Dans ce « deuxième monde » où les occupations sont peu valorisées, où les salaires sont relativement faibles et où la main-d'œuvre est soumise à des processus de mobilité sociale descendante, on trouve aussi la plus grande partie de ceux qui sont sous-scolarisés, y compris les « cyber-illettrés », ceux qui sont employés dans des activités d'exécution ou des fonctions de routine, et ceux qui intègrent de manière épisodique le marché du travail.

Difficiles arbitrages à venir

Le Québec évoluera-t-il dans le sens d'une polarisation accentuée de sa population en deux grandes catégories sociales, les « gagnants » d'un côté et les « perdants » de l'autre, avec en son centre une classe moyenne de plus en plus chétive ? Difficile à prédire. On sait qu'il est possible de modifier des logiques de stratification sociale par la fiscalité, par la réorientation des richesses en direction des groupes les plus vulnérables de la population et par la prestation de services directs aux catégories connaissant la détresse économique. On sait aussi que la possibilité d'une pénurie de main-d'œuvre découlant de la retraite massive des *baby boomers* aura, d'ici quelques années et si la situation ne change pas, un impact majeur sur l'offre d'emploi et la mobilité ascendante d'une partie de la force de travail. En pratique, la dualisation possible du tissu social québécois pourrait être compensée par une gouvernance appropriée et une modification générale de la donne du marché de l'emploi, dans un contexte cependant où la très grande majorité de la population accroîtrait ses qualifications techniques ou professionnelles — ce qui reste un défi.

Quel que soit le scénario d'avenir auquel l'on pense, les Québécois auront des choix difficiles à exercer au cours des prochaines années. Opteront-ils pour plus de solidarité sociale ou plus de responsabilité individuelle ? Pour plus de redistribution ou plus d'autonomisation ? Pour plus de collectivisation ou plus d'individualisation ? Pour plus d'État et de gouvernance instituée ou plus de marché et de déréglementation ?

Dans un contexte où la ponction fiscale des classes aisées et des classes moyennes est déjà très élevée, où 55% des contribuables assument la totalité des impôts des particuliers, où ceux qui financent le système n'obtiennent pas tant les services attendus qu'ils soutiennent les démunis, il faudra voir jusqu'où l'élastique de la générosité des Québécois, comme contribuables et participants d'une société solidaire, pourra être étiré. Cette question de la redistribution des richesses — entre les plus fortunés et les moins nantis, entre ceux qui sont armés pour affronter l'avenir et ceux qui manquent d'atout à ce chapitre, entre les aînés et la relève, etc. — deviendra majeure à moyen terme, soit à mesure que le Québec tanguera vers une société évoluant à deux vitesses.

Dynamismes identitaires

Il est important de porter, sur les réalités identitaires en voie d'avènement au Québec, un regard lucide et dégagé des visions que l'on avait de la configuration identitaire générale prévalant en cette société. Il est en train de naître au Québec des formes de complicité et de division entre les acteurs sociaux qui recomposent tranquillement le paysage identitaire de cette collectivité.

Parmi les traits marquants de ce nouveau paysage identitaire, mentionnons la consolidation d'une distinction montréalaise fondée sur le caractère cosmopolite de la ville et sur sa prétention à se représenter et se repositionner comme cité globale branchée sur le monde. Mentionnons aussi la cohabitation sereine des groupements culturels et linguistiques formant ensemble la société québécoise, cohabitation favorisée par une pratique publiquement soutenue de l'interculturalité. Mentionnons, troisièmement, l'émergence d'un sentiment ou d'un positionnement identitaire de proximité, relativement à Montréal et à la montréalité surtout, entre les Québécois habitant la métro-

Dans un contexte où 55% des contribuables assument la totalité des impôts des particuliers, où ceux qui financent le système n'obtiennent pas tant les services attendus qu'ils soutiennent les démunis, il faudra voir jusqu'où l'élastique de la générosité des Québécois, comme contribuables et participants d'une société solidaire, pourra être étiré.

pole, et ce, indépendamment de leur appartenance culturelle ou linguistique particulière.

En dépit de certaines tensions résiduelles d'ordre ethno-linguistique en son sein, la collectivité québécoise est à l'heure actuelle marquée par la formation tranquille d'une culture publique commune à laquelle adhèrent, depuis leur lieu culturel et identitaire spécifique, la très grande majorité des Québécois mobilisés par des enjeux communs ou voisins. Comme jamais auparavant, cette culture publique commune favorise l'intégration du Québec sur le mode d'une collectivité globale se définissant et se représentant comme telle.

L'apparition de tensions politiques et identitaires entre les habitants des villes-centres et ceux des zones périphériques (polarisation spatiale), entre les « gagnants » et les « perdants » au sein de la socioéconomie (polarisation sociale), entre les « partisans de régulations autocentrées » et les « partisans de régulations mondialisées » (polarisation politique), entre les « travailleurs vulnérabilisés » et les « travailleurs protégés » (polarisation liée à l'insertion sur les marchés de l'emploi) et entre les jeunes et les aînés (polarisation générationnelle), freine toutefois ce processus d'intégration de la collectivité québécoise. Ces tensions, auxquelles s'ajoutent celles qui persistent entre les Autochtones et les non-Autochtones, sèment au sein de la collectivité les germes de discordes sociales plus ou moins profondes. L'existence de ces situations de mésentente renvoie au processus de centrifugation de la collectivité québécoise.

De manière générale, le Québec se reconfigure, sur le plan politique et identitaire, dans le cadre de cette double dynamique d'intégration et de centrifugation qui le fait se spécifier comme collectivité globale au sein du Canada et le rend sujet à des dissonances internes dont on ne sait pas si elles se résorberont ou s'accentueront dans l'avenir.

La question nationale
Les Québécois choisiront-ils éventuellement de s'épanouir dans un « lieu d'être politique » univoque sanctionné par l'accession de leur collectivité à la souveraineté ? Impossible de répondre à cette question hautement spéculative qui fait vivre une industrie de la prédication, mais nous éloigne du mandat de l'analyse.

Le passé indique tout simplement que la quête d'affirmation des Québécois a jusqu'à maintenant emprunté la ligne politique du risque calculé. À une collectivité diversifiée du point de vue des enracinements, des espaces d'expériences et des horizons d'attente de ses membres, cette démarche a procuré des lieux de passage vers l'avenir qui, de manière générale, se sont révélés ouverts et porteurs pour la majorité. Sauf exception, la définition de cet avenir a fait l'objet

Jusqu'ici, le Québec est resté une question qu'aucune réponse n'est venue clore, une énigme qu'aucun Œdipe n'a réussi à résoudre par un argument tranché.

de discussions acerbes, mais pacifiques, entre tous les Québécois. Cet héritage de la raison politique fondée sur la pratique du rapport de force démocratique avec et contre l'autre — qu'il prenne la figure symbolique du Français, de l'Anglais, du *Canadian* ou de celui qui, à l'intérieur du « nous » collectif, envisage les choses sur un mode différent — a traversé l'histoire québécoise depuis le début. Évidemment, cette pratique particulière de la raison politique n'a rien à voir avec une sorte d'essence définissant depuis toujours l'agir politique des Québécois. Elle est plutôt l'expression d'une espèce de prudence politique découlant de l'évaluation lucide, par la majorité des habitants de la province, de la donne politique propre à une petite collectivité évoluant dans un contexte — celui de l'Amérique du Nord — où elle n'a jamais eu et n'aura jamais de position dominante, son mieux-être et son devenir étant intimement liés à l'obtention, par la voie négociée, d'un régime d'interdépendance avec l'autre envisagé comme partenaire et adversaire tout à la fois.

Personne ne sait si cette pratique particulière du soi (ou du nous autres) perdurera dans le temps. Sujet à bien des orientations possibles, l'avenir du Québec est en construction perpétuelle. Que l'agora québécoise accueille les (pro)positions des uns et des autres — fédéralistes ou souverainistes, affirmationnistes ou indépendantistes, nationalistes ou antinationalistes, provincialistes ou internationalistes, canadianistes ou canadiennistes — sans que le débat échappe à la volonté délibérante du plus grand nombre est d'ailleurs un signe de maturité politique enviable de la société québécoise.

Contre toute conclusion

Jusqu'ici, le Québec est resté une question qu'aucune réponse n'est venue clore, une énigme qu'aucun Œdipe n'a réussi à résoudre par un argument tranché. Ce que certains ont appelé le « mystère du Québec » tient peut-être au fait que la collectivité québécoise, qui résiste à son embrigadement dans un seul lieu d'être identitaire et politique, n'est jamais là où on prétend la trouver mais toujours là où on ne la cherche pas, comme échappant à toute enveloppe conceptuelle univoque, comme allergique à toute gaine interprétative trop serrée, comme fuyant tout modèle théorique trop assuré.

Face au casse-tête du Québec, il apparaît indiqué de réagir avec humilité et d'admettre ce qui semble inadmissible à la raison interprétative, à savoir que c'est dans l'assomption de la complexité irréductible du Québec et dans l'acceptation de la singularité universelle de son parcours historique qu'il faut chercher l'intuition la plus juste de ce que fut la condition québécoise dans le temps.

Vietnamiennes dégustant de la tire d'érable.

Partie de sucre. (Haut-Commissariat des Nations-Unies pour les réfugiés UNHCR/9077/1979/H,Gloaguen/VIVA)

Troupe folklorique au Mondial des cultures, 1990. (MRC de Drummond, don de Mondial des cultures, Cégep de Drummondville, Le Québec en images, CCDMD. 6499, quebec@ccdmd.qc.ca ; photo : Anonyme)

Avion régional de modèle CRJ900. (Bombardier Aéronautique, Bombardier inc.)

Fabrication d'un avion régional CRJ900 dans la région de Montréal.

Usine de Mirabel. (Bombardier Aéronautique, Bombardier inc.)

Autour de l'aluminerie de Baie-Comeau, sur la Côte-Nord, en 1977.

Parc de roulottes. (Source : Point Du Jour Aviation ltée. Img 0084 ; photographe : Jean-Marie Cossette)

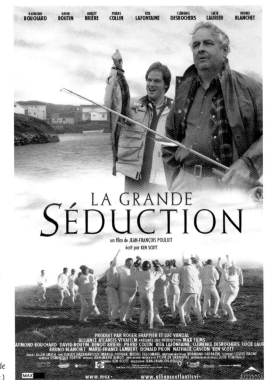

Le plus grand succès du box-office québécois en 2003, *La grande séduction* décroche le Prix du Public au Festival de Sundance en 2004.

Affiche du film *La grande séduction*. (Max Films inc.)

Répertoire des personnages

Amyot, Georges-Élie (1856-1930)
Homme d'affaires et administrateur
bancaire, fondateur de la Dominion
Corset en 1886.

Aquin, Hubert (1929-1977)
Journaliste, romancier et scénariste à
l'Office national du film ; a notamment
publié *Prochain épisode* (1965) et *Trou de
mémoire* (1968) ; directeur de la revue
Liberté (1961-1971).

Arcand, Denys (1941-)
Cinéaste et réalisateur, entre autres des
films *Le déclin de l'empire américain* (1986),
Jésus de Montréal (1989) et *Les invasions
barbares* (2003).

Asselin, Olivar (1874-1937)
Journaliste pamphlétaire, fondateur de
la Ligue nationaliste en 1903 ; lance
notamment le journal de combat
L'Ordre (1934-1936) et collabore à la
ondation du journal *Le Devoir* (1910).

Baldwin, Robert (1804-1858)
Avocat et homme politique, chef des
réformistes du Haut-Canada, co-premier
ministre du Canada-Uni (1848-1851).

Barbeau, Victor (1896-1994)
Professeur, journaliste, critique littéraire,
associé de près à la vie littéraire et au
mouvement coopératif au Québec ;
auteur, notamment, de *Mesure de notre
taille* (1936).

Beauchemin, Yves (1941-)
Romancier, auteur entre autres de
L'enfirouapé (1974), *Le matou* (1980) —
adapté au cinéma par Jean Beaudin —
et *Juliette Pomerleau* (1989).

Beaugrand, Honoré (1848-1906)
Romancier, essayiste, journaliste et
militaire, maire de Montréal (1885-
1887). Fonde le Journal *La Patrie* en 1879
et le dirige jusqu'en 1897. A notamment
publié *Jeanne la fileuse*.

Bertrand, Jean-Jacques (1916-1973)
Homme politique, avocat, premier
ministre unioniste du Québec de 1968
à 1970.

Bombardier, Joseph-Armand
(1907-1964)
Entrepreneur, mécanicien, inventeur
de la motoneige en 1932, fondateur
de la compagnie Bombardier en 1942.

Borduas, Paul-Émile (1905-1960)
Peintre, professeur, chef de file du
mouvement automatiste, auteur
principal du manifeste *Refus global*
(1948). Considéré comme le premier
peintre moderne du Canada français.

Bouchard, Lucien (1938-)
Homme politique, diplomate, avocat,
ministre fédéral (1989-1990), fondateur
et chef du Bloc québécois (1990-1996),
premier ministre péquiste du Québec
(1996-2001), figure dominante du camp
du « Oui » lors du référendum de 1995
sur la souveraineté-partenariat.

Bouchette, Robert-Errol (1862-1912)
Avocat, journaliste, fonctionnaire, auteur
d'ouvrages, de brochures et d'articles
consacrés à l'économie politique et
faisant la promotion du développement
économique du Canada français.

Bourassa, Henri (1868-1952)
Journaliste, homme politique, maître
à penser nationaliste durant le premier
quart du XXe siècle, promoteur d'un
Canada binational et largement
indépendant de la tutelle britannique,
fondateur du journal *Le Devoir* (1910).

Bourassa, Robert (1933-1996)
Homme politique, avocat, économiste,
professeur, fonctionnaire, premier
ministre libéral du Québec de 1970
à 1976 et de 1985 à 1994, promoteur
important de l'Accord du lac Meech
(1987-1990).

Bourgeoys, Marguerite (1620-1700)
Religieuse enseignante née à Troyes,
accompagne Maisonneuve en Nouvelle-
France en 1653. Ouvre plusieurs écoles
à partir de 1658. Fondatrice de la
Congrégation de Notre-Dame (1676).
Canonisée à Rome en 1982.

Bourget, Ignace (1799-1885)
Prêtre, deuxième évêque de Montréal
(1840-1876), figure de proue de
l'ultramontanisme canadien-français
au XIXᵉ siècle.

Buies, Arthur (1840-1901)
Journaliste, homme de lettres et fonctionnaire. Membre de l'Institut canadien,
il excelle à la polémique. Anticlérical
et contre le projet de la confédération.
Auteur, notamment, des *Lettres sur
le Canada* (1864).

Caron, René-Édouard (1800-1876)
Juriste et homme politique, maire de
Québec, député et lieutenant-gouverneur
du Québec, un des principaux auteurs
du *Code de procédure civile du Bas-Canada*.

Cartier, George-Étienne (1814-1873)
Avocat, homme d'affaires et homme
politique, chef des Bleus (conservateurs
et réformistes modérés) du Canada-Est
à l'assemblée du Canada-Uni,
co-premier ministre du Canada-Uni
de 1857 à 1862, un des principaux pères
de la Confédération.

Cartier, Jacques (1491-1557)
Explorateur, navigateur et auteur de récits
de voyages. Né à Saint-Malo, il découvre
le Canada en 1534 et en prend possession
au nom du roi de France. Il est le premier
à établir une carte du fleuve Saint-Laurent.

Casgrain, Henri-Raymond
(1831-1904)
Prêtre, auteur, historien, professeur,
promoteur d'une littérature nationale
patriotique et religieuse, très important
ambassadeur culturel du Canada français
aux États-Unis et en France.

Casgrain, Thérèse Forget
(1896-1981)
Femme politique et militante féministe.
Entreprend dès 1921 la lutte pour

l'obtention du droit de vote pour les
femmes aux élections provinciales.

Castonguay, Claude (1929-)
Homme politique, actuaire, administrateur, président de la Commission royale
d'enquête sur la santé et le bien-être
social de 1966 à 1970, ministre de
la Santé (1970) et des Affaires sociales
(1970-1973) dans le premier gouvernement Bourassa.

Champlain, Samuel de (1570-1635)
Explorateur et cartographe né à
Brouage. Fonde la ville de Québec en
1608. A laissé un inventaire géographique précieux du Saint-Laurent,
de l'Acadie et des Grands Lacs.

Cohen, Leonard (1934-)
Écrivain, auteur-compositeur-interprète
anglo-montréalais. Son œuvre se
distingue par son caractère à la fois
romantique, pessimiste et mystique.

Crémazie, Octave (1827-1879)
Libraire, poète, mémorialiste et épisto-
lier. Considéré comme le père de la
poésie canadienne-française.

**Dalhousie, George Ramsay,
comte de** (1770-1838)
Gouverneur en chef de l'Amérique du
Nord britannique de 1820 à 1828.

Desjardins, Alphonse (1854-1920)
Journaliste, fonctionnaire, fondateur des
Caisses populaires Desjardins en 1900,
promoteur de la coopération.

Dessaulles, Louis-Antoine
(1818-1895)
Journaliste, homme politique, seigneur,
libéral très critique du cléricalisme,
membre éminent de l'Institut canadien
de Montréal.

Dorion, Antoine-Aimé (1818-1891)
Homme politique, avocat, juge, leader
des Rouges (libéraux du Canada-Est) à
la chambre d'assemblée du Canada-Uni,
co-premier ministre du Canada-Uni
en 1858 (durant trois jours...) et en
1863-1864.

Drapeau, Jean (1916-1999)
Avocat, maire de Montréal de 1954 à
1957 et de 1960 à 1980. À l'origine du

métro de Montréal, de la Place des arts, de l'Exposition universelle de 1967, de la tenue des jeux olympiques en 1976 et des Floralies internationales en 1980.

Dumont, Fernand (1927-1997)
Sociologue, écrivain, professeur, président de la Commission sur les laïcs et l'Église (1968-1970), maître à penser nationaliste des années 1970 à sa mort.

Duplessis, Maurice Le Noblet (1890-1959)
Homme politique, avocat, premier ministre unioniste du Québec de 1936 à 1939 et de 1944 à 1959, fondateur de l'Union nationale en 1935 (né de la fusion entre le Parti conservateur provincial et l'Action libérale nationale).

Dupuis, Joseph-Nazaire (1843-1876)
Commerçant de Montréal, fondateur en 1868 du grand magasin Dupuis Frères.

Durham, John George Lambton, comte de (1792-1840)
Homme politique, nommé gouverneur en chef de l'Amérique du Nord britannique et commissaire enquêteur (1838) à la suite des rébellions de 1837.

Garneau, François-Xavier (1809-1866)
Historien, poète, notaire, auteur d'une *Histoire du Canada depuis sa découverte jusqu'à nos jours* qui l'a consacré « historien national du Canada français ». Considéré comme le père de la littérature canadienne-française.

Gérin-Lajoie, Paul (1920-)
Homme politique, avocat, administrateur, ministre de l'Éducation du Québec dans le gouvernement de Jean Lesage de 1964 à 1966 (premier ministre de l'Éducation depuis 1876).

Godbout, Joseph-Adélard (1892-1956)
Homme politique, agronome, professeur, premier ministre libéral du Québec en 1936 et de 1939 à 1944.

Gouin, Paul (1898-1976)
Avocat, député, cofondateur du Parti de l'Action libérale nationale (1934) et du Bloc populaire (1942). Fils de Lomer

Gouin, premier ministre du Québec (1905-1920) et petit-fils d'Honoré Mercier, aussi premier ministre du Québec (1887-1891).

Groulx, Lionel-Adolphe (1878-1967)
Prêtre, historien, professeur, maître à penser nationaliste durant le deuxième quart du XXᵉ siècle, directeur de la revue *L'Action française* (1920-1928), fondateur de la *Revue d'histoire de l'Amérique française* (1947).

Houde, Camillien (1889-1958)
Député à la Chambre des communes (1923-1927 ; 1928-1931 ; 1939-1944 ; 1949-1953). Chef du Parti conservateur de la Province de Québec (1929-1932). Maire de Montréal (1928-1932 ; 1934-1936 ; 1938-1940 ; 1944-1954).

Hudon, Victor (1812-1897)
Commerçant, banquier et industriel, un des fondateurs de la Banque Jacques-Cartier.

Incarnation, Mère Marie de l' [Marie Guyart] (1599-1672)
Femme d'affaires et mystique devenue ursuline à Tours en 1631. Débarquée en Nouvelle-France en 1639, elle fonde le monastère des Ursulines de Québec en 1642 (première école de filles en langue française d'Amérique du Nord).

Johnson, Daniel (1915-1968)
Homme politique et avocat, premier ministre unioniste du Québec de 1966 à 1968. Défenseur de l'autonomie provinciale, il lance le slogan « Égalité ou indépendance ». Ses deux fils ont eux aussi occupé la fonction de premier ministre du Québec : Pierre-Marc (Parti Québécois) en 1985, et Daniel (Parti libéral) en 1994.

Kierans, Eric William (1914-2004)
Homme politique, homme d'affaires, professeur, auteur, ministre dans le gouvernement de Jean Lesage à Québec et dans le premier gouvernement de Pierre Elliott Trudeau à Ottawa.

Labelle, François-Xavier-Antoine (1833-1891)
Prêtre, fonctionnaire, promoteur de la colonisation de la région des

Laurentides par le développement de l'agriculture, de l'exploitation minière et de l'industrie.

Laflèche, Louis-François (1818-1898)
Prêtre, missionnaire, enseignant, auteur, évêque de Trois-Rivières de 1870 à 1898, leader de l'ultramontanisme canadien-français à partir du milieu des années 1870.

La Fontaine, Louis-Hippolyte
(1807-1864)
Avocat et homme politique, patriote modéré durant les années 1830, chef des réformistes modérés du Canada-Est après l'Acte d'union. Co-premier ministre du Canada-Uni (1848-1851).

Landry, Bernard (1937-)
Homme politique, avocat, fonctionnaire, professeur, premier ministre péquiste du Québec de 2001 à 2003.

Lapalme, Georges-Émile (1907-1985)
Homme politique, avocat, fonctionnaire, chef du Parti libéral du Québec de 1950 à 1958, vice-premier ministre (1960-1964) et ministre des Affaires culturelles (1961-1964) dans le gouvernement de Jean Lesage.

Laurendeau, André (1912-1968)
Journaliste, homme politique, auteur, rédacteur au journal *Le Devoir* (1947-1968), cofondateur et chef de l'aile québécoise du Bloc populaire canadien, coprésident de la Commission royale d'enquête sur le bilinguisme et le biculturalisme (1963-1968).

Laurier, Wilfrid (1841-1919)
Avocat et homme politique, promoteur d'un libéralisme modéré, chef du Parti libéral du Canada de 1887 à 1919, premier ministre du Canada de 1896 à 1911 (le premier d'origine canadienne-française depuis la Confédération).

Laval de Montmorency,
Mgr François-Xavier (1622-1708)
Vicaire apostolique de la Nouvelle-France (1657-1674). Premier évêque de Québec (1674-1688). Fondateur du Grand Séminaire de Québec (1663).

Leclerc, Félix (1914-1988)
Poète et chansonnier, ambassadeur de la chanson québécoise à travers toute la francophonie. A publié, entre autres, *Pieds nus dans l'aube* (roman, 1946), *Moi, mes souliers* (roman, 1955), *Le fou de l'île* (roman, 1958).

Léger, Paul-Émile (1904-1991)
Prêtre sulpicien, fondateur et supérieur du Séminaire de Fukuoka au Japon (1933-1939). Recteur du Collège pontifical canadien à Rome (1947-1950). Évêque et archevêque de Montréal (1950-1967). Promu cardinal en 1953.

Lemieux, Jean Paul (1904-1990)
Peintre de renommée internationale. Professeur à l'École du meuble de Montréal (1935-1937) et à l'École des beaux-arts de Québec (1937-1965). Ses tableaux décrivent la solitude du Nord et l'angoisse des grands espaces.

Lesage, Jean (1912-1980)
Homme politique, avocat, administrateur, chef du Parti libéral du Québec (1958-1970), premier ministre libéral du Québec (1960-1966).

Lévesque, Georges-Henri
(1903-2000)
Prêtre dominicain, sociologue, professeur, administrateur, promoteur d'un catholicisme libéral, très engagé dans les mouvements catholiques sociaux, fondateur de l'École des sciences sociales de l'Université Laval (1938).

Lévesque, René (1922-1987)
Homme politique, journaliste, ministre dans le gouvernement Lesage de 1960 à 1966, fondateur du Parti québécois en 1968, premier ministre péquiste du Québec de 1976 à 1985, leader du mouvement souverainiste des années 1960 à 1980.

Loranger, Thomas-Jean-Jacques
(1823-1885)
Homme politique, juge, écrivain, auteur de *Lettres sur l'interprétation de la constitution fédérale* dans lesquelles il envisage la Confédération de 1867 comme un pacte entre les provinces.

Mance, Jeanne (1606-1673)
Infirmière née à Langres. Arrive en
Nouvelle-France en 1641. Fondatrice
de l'Hôtel-Dieu de Montréal en 1645
avec la collaboration de Jérôme Le Royer
de la Dauversière.

Marchand, Félix-Gabriel (1832-1900)
Notaire, journaliste et dramaturge, pre-
mier ministre du Québec (1897-1900).
Cofondateur du journal *Le Franco-
Canadien* en 1860. Président de la
Chambre des notaires (1894) et de la
Société royale du Canada (1897-1898).

Marie-Victorin [Conrad Kirouac]
(1885-1944)
Frère des Écoles chrétiennes, botaniste,
professeur, écrivain, grand promoteur
de la culture scientifique au Canada français, fondateur de l'Institut de botanique
de l'Université de Montréal et du Jardin
botanique de Montréal.

McCord, David Ross (1844-1930)
Avocat et collectionneur, amasse une
importante collection d'objets reliés à
l'histoire du Canada qui constitue le
fonds du Musée McCord, à Montréal.

McGill, James (1744-1813)
Commerçant, actif notamment dans
la traite des fourrures ; laisse en héritage
un domaine et des fonds qui serviront
à la construction de l'Université McGill,
fondée en 1829.

Mercier, Honoré (1840-1894)
Homme politique, avocat, journaliste,
chef du Parti libéral du Québec, prend
la tête d'une coalition libérale-
conservatrice qui obtient une majorité
de sièges en 1886. Premier ministre
du Québec de 1887 à 1891. Défenseur
de l'autonomie provinciale.

Minville, Esdras (1896-1975)
Économiste, sociologue, professeur, premier directeur québécois de l'École des
Hautes Études commerciales (1938-
1962). Comme économiste, il s'intéresse
tout particulièrement au développement
régional.

Miron, Gaston (1928-1996)
Poète et éditeur, cofondateur des Éditions de l'Hexagone (1953), qu'il dirige

jusqu'en 1983. Auteur de *L'homme rapaillé*
(1970).

Molinari, Guido (1933-2004)
Peintre, sculpteur, auteur, professeur,
promoteur de l'art abstrait au Québec.

Molson, William (1763-1836)
Troisième et dernier fils de John Molson
l'ancien (1763-1836). Homme d'affaires,
investisseur et banquier. Avec ses frères,
John l'aîné (1787-1860) et Thomas (1791-
1863), il multiplie les dons à l'Université
McGill et à l'Hôpital général de Montréal.

Montpetit, Édouard (1881-1954)
Économiste, professeur, administrateur
universitaire, il enseigne l'économie
politique à l'Université de Montréal et à
l'École des Hautes Études commerciales.

Morin, Augustin-Norbert (1803-1865)
Homme politique, avocat et juge, auteur
des 92 *Résolutions* de 1834, co-premier
ministre du Canada-Uni de 1851 à 1855,
un des principaux auteurs du *Code de procédure civile du Bas-Canada*.

Nelligan, Émile (1879-1941)
Poète, figure emblématique des débuts
de la poésie canadienne-française.
Auteur des célèbres poèmes *La romance
du vin* et *Le Vaisseau d'or* (1899).

Papineau, Louis-Joseph (1786-1871)
Homme politique, avocat, seigneur,
républicain, un des principaux leaders
du Parti canadien — devenu Parti
patriote en 1826 — à l'assemblée du
Bas-Canada.

Pâquet, Louis-Adolphe (1859-1942)
Prêtre, théologien, philosophe, professeur, il enseigne à la Faculté de théologie
de l'Université Laval de 1883 à sa mort
et fonde ce qui deviendra la Faculté de
philosophie de cette université en 1926.

Paquet, Zéphirin (1818-1905)
Commerçant et manufacturier de Québec, directeur du grand magasin Z.
Paquet, entreprise familiale bâtie à partir
de l'existence d'un petit magasin tenu par
son épouse Marie-Louise, née Hamel.

Parent, Alphonse-Marie (1906-1970)
Prêtre, théologien, philosophe, professeur, administrateur universitaire, prési-

dent de la Commission royale d'enquête sur l'enseignement au Québec de 1961 à 1966.

Parent, Étienne (1802-1874)
Journaliste et avocat, figure de proue du journal *Le Canadien*, il appuie les revendications politiques du Parti patriote, mais condamne les rébellions de 1837-1838.

Parent, Simon-Napoléon (1855-1920)
Homme politique, avocat, fonctionnaire, premier ministre libéral du Québec de 1900 à 1905, maire de Québec de 1894 à 1906.

Parizeau, Jacques (1930-)
Homme politique, économiste, fonctionnaire, conseiller économique du gouvernement du Québec (1961-1969), ministre des Finances dans le gouvernement de René Lévesque (1976-1984), premier ministre péquiste du Québec (1994-1996), leader souverainiste.

Penfield, Wilder Graves (1891-1976)
Neurochirurgien, scientifique, professeur, écrivain, fondateur de l'Institut neurologique de Montréal en 1934.

Price, William (1867-1924)
Homme d'affaires et homme politique, responsable de la réorientation de la compagnie forestière Price vers l'industrie papetière.

Radisson, Pierre-Esprit (1636-1710)
Explorateur et aventurier. La traite des fourrures qu'il pratique avec Médard Chouart des Groseillers à la baie d'Hudson est à l'origine de la compagnie du même nom (1670).

Rameau de Saint-Père, François-Edmé (1820-1899)
Historien, écrivain, avocat français, auteur d'ouvrages concernant le Canada français, et notamment l'Acadie.

Redpath, John (1796-1869)
Industriel, un des principaux responsables de l'aménagement du canal Lachine et fondateur d'une importante entreprise de raffinage de sucre.

Richard, Maurice « Rocket » (1921-2000)
Joueur des Canadiens de Montréal de 1942 à 1960 (Ligue nationale de hockey); premier à compter 50 buts en 50 parties. Véritable héros national, sa suspension au cours des Séries éliminatoires de 1955 à Montréal crée la pire émeute sportive de l'histoire du Canada.

Richard, René (1895-1982)
Peintre d'origine belge, trappeur, établi à Baie-Saint-Paul à partir de 1942, célèbre pour ses représentations de sujets liés aux paysages canadiens.

Richler, Mordecai (1931-2001)
Écrivain, journaliste anglo-montréalais, reconnu pour la qualité de ses portraits des milieux juifs montréalais, pour son humour caustique ainsi que pour son esprit polémique.

Riel, Louis (1844-1885)
Chef métis, instituteur, écrivain, leader des résistances métisses de 1870 et de 1885. Au terme de cette dernière, il est jugé et condamné à mort, ce qui suscite de vives tensions au Canada. Maintenant considéré comme le fondateur du Manitoba.

Riopelle, Jean-Paul (1923-2002)
Peintre, sculpteur et graveur de renommée internationale, élève de Paul-Émile Borduas. Au début du mouvement automatiste. Signataire du manifeste *Refus global* en 1948.

Rolland, Jean-Baptiste (1815-1888)
Homme d'affaires, libraire et imprimeur, fondateur de la Compagnie de papier Rolland, une papetière.

Roncarelli, Frank (1904-1981)
Restaurateur montréalais, au centre d'un triste épisode de la lutte du gouvernement Duplessis contre les Témoins de Jéhovah au Québec (1946-1959).

Routhier, Adolphe-Basile (1839-1920)
Avocat, juge, auteur, professeur, coauteur du Programme catholique de 1871 (ultramontain), juge en 1876 d'un très important procès mettant en cause

l'«influence indue du clergé dans une élection fédérale.

Roy, Gabrielle (1909-1983)
Auteure, journaliste, enseignante d'origine franco-manitobaine. Reconnue pour la qualité de sa peinture des milieux ouvriers défavorisés de Montréal dans *Bonheur d'occasion* (1945).

Russell, John (1792-1878)
Homme politique anglais, ministre de l'Intérieur du gouvernement britannique à l'époque des Rébellions de 1837-1838.

Ryan, Claude (1925-2004)
Journaliste, homme politique, administrateur, directeur du journal *Le Devoir* de 1964 à 1978, chef du Parti libéral du Québec de 1978 à 1982, chef du camp du «Non» lors du référendum de 1980 sur la souveraineté du Québec.

Sauvé, Paul (1907-1960)
Homme politique, avocat, militaire, premier ministre unioniste du Québec de septembre 1959 à janvier 1960.

Savard, Mgr **Félix-Antoine** (1896-1982)
Prêtre, romancier, poète, dramaturge, conteur et folkloriste. A publié, entre autres, *Menaud, maître-draveur* (1937), *L'Abatis* (1943) et *La Minuit* (1948).

Scott, Francis Reginald (1899-1985)
Poète, professeur de droit, cofondateur en 1931-32 de la *League for Social Reconstruction* (socialiste) ; coauteur du *Manifeste de Régina* (acte de naissance de la Cooperative Commonwealth Federation, 1933) ; promoteur de la bonne entente entre Canadiens français et Canadiens anglais.

Steinberg, Samuel (1905-1978)
Homme d'affaires, fondateur en 1834 de la chaîne de supermarchés Steinberg, la première au Québec.

Talon, Jean ([1626]-1694)
Intendant de la Nouvelle-France de 1665 à 1668 et de 1670 à 1672. Deuxième à occuper ce poste, premier à fouler le sol nord-américain.

Taschereau, Louis-Alexandre (1867-1952)
Homme politique, avocat, premier ministre libéral du Québec de 1920 à 1936. Sous son gouvernement est adoptée la Loi sur l'assistance publique (1921).

Tremblay, Michel (1942-)
Écrivain, dramaturge, reconnu pour l'excellence de ses représentations des milieux populaires canadiens-français. Son œuvre se caractérise également par l'utilisation du joual (parler français populaire du Québec).

Trudeau, Pierre Elliott (1919-2000)
Homme politique, avocat, professeur, cofondateur de *Cité libre* (1950), premier ministre libéral du Canada (1968-1979 et 1980-1984). Fait adopter la Loi sur les langues officielles (1969) et préside au rapatriement de la constitution (1982).

Tsaouenhohoui [Vincent, Nicolas] (1769-1844)
Grand chef Huron à partir de 1810. Acteur principal d'une démarche judiciaire menée auprès de la Couronne britannique et visant à obtenir la rétrocession des titres de la propriété de la seigneurie de Sillery.

Vallières, Pierre (1938-1998)
Écrivain, journaliste, militant socialiste et indépendantiste, figure intellectuelle dominante du Front de libération du Québec durant les années 1960.

Van Horne, William Cornelius (1843-1915)
Homme d'affaires et administrateur, très actif dans le domaine du chemin de fer. Président du Canadien Pacifique de 1888 à 1899.

Viau, Charles-Théodore (1843-1898)
Homme d'affaires, fondateur de la biscuiterie Viau.

Vigneault, Gilles (1928-)
Chansonnier, compositeur-interprète, poète, conteur. Sa plus célèbre chanson, «Gens du pays», est devenue depuis sa création un véritable hymne national au Québec.

Le Québec et le monde

| QUÉBEC | MONDE* |

QUÉBEC	MONDE*
	1492 Colomb découvre l'Amérique
	1517 Début de la Réforme
1534-1541 Cartier découvre le Saint-Laurent	**1534** Ignace de Loyola fonde la Compagnie de Jésus
	1602 Création de la Compagnie des Indes occidentales
1608 Fondation de Québec	**1607** *Orfeo*, de Monteverdi, premier drame lyrique
1610 Découverte de la baie James et de la baie d'Hudson	
1615 La Compagnie du Canada devient la première à gérer la Nouvelle-France	**1618-1648** Guerre de Trente ans
1625 Arrivée des Jésuites	**1624-42** Richelieu, premier ministre
	1633 Galilée est condamné par l'Inquisition
	1635 Création de l'Académie française
1641 Début des guerres avec les Iroquois	
1642 Fondation de Montréal	**1642** Pascal invente la machine à calculer
	1643-1715 Règne de Louis XIV
	1652-1658 Cromwell au pouvoir
1658 François de Laval nommé vicaire apostolique	
1660 Expédition de Dollard des Ormeaux • Apparition des coureurs des bois	
1663 Fondation du Séminaire de Québec	
1665 Jean-Talon devient intendant de la colonie • Arrivée des «filles du roi»	**1668** Newton construit le premier télescope
	1685 (France) Révocation de l'Édit de Nantes
1694 Scandale autour de la présentation du *Tartuffe* de Molière à Québec	**1687** Newton explique le principe de la gravitation universelle
1701 Paix avec les Iroquois, dite de Montréal	**1701** Guerre de la Succession d'Espagne
	1703 Premier journal en Amérique du Nord, le *Boston News Letter*
	1713 Traité d'Utrecht
1716 Fortifications de Montréal	
1735 Mise en chantier du Chemin du Roy	**1742** Anders Celsius invente le thermomètre
	1750 Le néo-classicisme se répand en Europe

* Nous incluons, sous la rubrique «monde», le Canada hors Québec.

1751-1772 Parution de l'*Encyclopédie* de Diderot et D'Alembert

1755 Déportation des Acadiens

1756 Début de la guerre de Sept Ans

1759 Bataille des Plaines d'Abraham

1760 Prise de Montréal par les Anglais

1762 Rousseau, précurseur du romantisme, publie *Émile*

1764 *The Quebec Gazette/La Gazette de Québec* commence à paraître

1763 Traité de Paris : la Nouvelle-France est cédée à l'Angleterre

1776 Déclaration d'Indépendance des États-Unis

1783 Arrivée des Loyalistes

1788 Fondation du quotidien *The Times* à Londres

1789 Arrivée des premiers immigrants irlandais

1789-99 Révolution française

1791 Acte constitutionnel créant le Bas- et le Haut-Canada • Mise en scène de deux pièces de Molière à Québec

1800 Invention de la première pile électrique, par A. Volta

1803 La France vend la Louisiane aux États-Unis

1806 Fondation du journal *Le Canadien*

1812-14 Guerre anglo-américaine : certains combats auront lieu au Canada

1815 Défaite de Napoléon à Waterloo

1817 Création de la Banque de Montréal

1816 René Laënnec invente le stéthoscope

1823 Fondation de la première école de médecine au Canada

1824 9e symphonie de Beethoven

1834 Publication des 92 *Résolutions* par le Parti patriote • Fondation de la Société Saint-Jean-Baptiste.

1832 Apparition du mot « socialisme »

1837 *L'influence d'un livre*, de P. A. de Gaspé fils, premier roman québécois

1837-38 Rébellions de patriotes

1839 Dépôt du rapport Durham

1839 Invention de la bicyclette • Naissance de la photographie

1840 Acte d'Union

1844 Première librairie française à Québec

1844 Morse relie, par une ligne télégraphique, Washington et Baltimore

1845 Début de la publication de l'*Histoire du Canada*, de F.-X. Garneau

1845-1851 Parution du *Manifeste du Parti communiste*, de Marx et Engels

1846 Invention de la presse rotative aux États-Unis

1850 Levi-Strauss crée le « jean »

1852 Fondation de l'Université Laval

1853 On découvre l'aspirine

1857 Baudelaire publie *Les fleurs du mal*

1859 Darwin publie *De l'origine des espèces*

1861 Des tramways tirés par des chevaux font leur apparition à Montréal

1861 Lincoln, président des États-Unis

1861-1865 Guerre de Sécession aux États-Unis

1863 *Les Anciens Canadiens*, de Philippe Aubert de Gaspé, père

1863 Première automobile à pétrole

1867 1er juillet : la Confédération canadienne compte quatre provinces, (Acte de l'Amérique du Nord britannique).

1869 Construction de l'Hôpital général des Sœurs Grises à Montréal

1869 Soulèvement des Métis dans l'Ouest canadien

1870 Création du Manitoba • Concile Vatican I

1873 Fondation de l'École polytechnique de Montréal

1873 L'Île-du-Prince-Édouard est intégrée à la Confédération

1874 Ouverture de la Bourse de Montréal

1874 Première exposition à Paris des impressionnistes

1876 Création à Montréal d'une succursale de l'Université Laval

1876 Bell invente le téléphone • Le phonographe de Edison

1878 Éclairage électrique à Montréal

1879 Honoré Beaugrand fonde *La Patrie* • Chemin de fer reliant Québec, Montréal et Ottawa

1880 Création de la Canadian Pacific Railway Co

1883 Colonisation du Témiscamingue

1883 Premier gratte-ciel à Chicago

1884 Fondation du quotidien *La Presse*

1885 Pendaison de Louis Riel

1887 Louis Fréchette publie *La légende d'un peuple*

1887 Invention du gramophone

1894-1906 Affaire Dreyfus

1895 Les frères Lumière créent le cinéma

1896-99 Émile Nelligan rédige l'essentiel de son œuvre

1896 Wilfrid Laurier est élu premier ministre du Canada • Athènes : premiers Jeux Olympiques modernes

1897 Première automobile à Québec

1898 Pierre et Marie Curie découvrent le radium

1899-1902 Guerre des Bœrs

1900 Fondation des Caisses populaires, par Alphonse Desjardins

1900 Exposition universelle de Paris

1903 Olivar Asselin fonde la Ligue nationaliste, et Lionel Groulx, l'ACJC

1905 L'Alberta et la Saskatchewan dans la confédération

1906 Première émission de radio aux États-Unis

1906 Ouverture à Montréal du Ouimetoscope

1907 Picasso peint *Les demoiselles d'Avignon* (début du cubisme)

1910 Début de la colonisation de l'Abitibi • Henri Bourassa fonde *Le Devoir*

1912 Naufrage du Titanic

1914 Publication de *Maria Chapdelaine*

1917 Les Québécois s'opposent à la conscription

1918 La revue *Le Nigog* suscite la polémique

1920 Louis-Alexandre Taschereau est élu premier ministre

1924 Loi des syndicats professionnels

1929 Alfred DesRochers publie *À l'ombre de l'Orford*

1932 Bombardier: premier modèle de motoneige • Les Jeunes-Canada publient leur manifeste

1933 Début de la parution de *L'Action nationale*

1934 Mise à l'Index du roman *Les demi-civilisés*, de Jean-Charles Harvey • Fondation des Scouts catholiques du Québec

1935 Parution de la *Flore laurentienne*, du frère Marie-Victorin

1936 Maurice Duplessis au pouvoir, jusqu'en 1939 • Fondation de la Société Radio-Canada

1938 Ouverture de l'École des sciences sociales, à l'Université Laval

1939 Duplessis est battu aux élections par Adélard Godbout

1940 Le droit de vote aux Québécoises

1942 Fondation au Québec du Bloc populaire

1944 Retour au pouvoir de Duplessis, jusqu'en 1959 • Alain Grandbois publie *Les îles de la nuit*

1945 Gabrielle Roy publie *Bonheur d'occasion* et Germaine Guèvremont, *Le survenant*

1948 Publication du manifeste *Refus global*, par Paul-Émile Borduas

1914-18 Première Guerre mondiale

1916 Création du dadaïsme • Théorie de la relativité d'Einstein

1917 Révolution d'Octobre en Russie • Freud publie *Introduction à la psychanalyse*

1919 Fondation de la Société des nations à Genève

1920 Création de la Gendarmerie royale • Début de la prohibition aux États-Unis

1924 André Breton publie son *Manifeste du surréalisme*

1928 Découverte de la pénicilline

1929 Krach boursier à New York, début de la Grande Dépression

1931 Le statut de Westminster: complète autonomie du Parlement canadien

1936 Charlie Chaplin réalise *Les temps modernes*

1939 Début de la Seconde Guerre mondiale

1942 Débarquement de Dieppe • Parution de *L'étranger*, d'Albert Camus

1944 Débarquement de Normandie

1945 Fin de la Seconde Guerre mondiale • Fondation de l'ONU

1945-46 Procès de Nuremberg

1948 Assassinat de Gandhi

1949 Grève des mineurs à Asbestos

1950 Pierre Elliott Trudeau et Gérard Pelletier fondent *Cité libre*

1952 Début à Montréal de la télévision canadienne de langue française

1953 Fondation des Éditions de l'Hexagone

1955 Émeute à Montréal à la suite de la suspension de Maurice Richard • Félix Leclerc chante *Moi mes souliers*

1957 Fondation d'un mouvement indépendantiste, l'Alliance laurentienne • Fondation de la FTQ (Fédération des travailleurs du Québec)

1958 Yves Thériault publie *Agaguk*

1959 Décès de Duplessis • Inauguration de la Voie maritime du Saint-Laurent

1960 Jean Lesage est élu premier ministre

1960 Fondation du Rassemblement pour l'Indépendance nationale • Début de la commission Parent, sur l'éducation au Québec

1965 Gilles Vigneault chante *Mon pays* • Hubert Aquin publie *Prochain épisode*

1967 René Lévesque fonde le Mouvement Souveraineté-Association • Exposition universelle de Montréal • Jacques Godbout publie *Salut Galarneau!*

1968 Fondation du Parti québécois • Inauguration de la centrale électrique Manic 5 • Création des *Belles-sœurs*, de Michel Tremblay

1970 Élection de Robert Bourassa, premier ministre du Québec • Crise d'octobre • Régime universel d'assurance-maladie • Nuit de la poésie à Montréal • *L'homme rapaillé*, de Gaston Miron

1974 «Bill 22»: le français, langue officielle du Québec

1975 Inauguration de l'aéroport de Mirabel

1949 Terre-Neuve entre dans la Confédération • Orwell publie *1984* • Signature du pacte de l'OTAN

1953 Commission royale d'enquête sur les problèmes constitutionnels • Simone de Beauvoir publie *Le deuxième sexe*

1956 Elvis Presley fait fureur

1957 Sputnik, premier satellite artificiel, est mis en orbite • Jack Kerouac publie *On the Road*

1959 Fidel Castro prend le pouvoir à Cuba

1960 J. F. Kennedy est élu président des États-Unis • Hitchcock réalise *Psychose*

1961 Érection du mur de Berlin

1962 Concile de Vatican II • John Glenn effectue un vol orbital dans l'espace

1963 Assassinat de Kennedy • Les Beatles font sensation

1967 Guerre de Six-jours en Israël • Assassinat d'Ernesto Che Guevara

1968 Élection de Pierre Elliott Trudeau, premier ministre du Canada • Assassinat de Martin Luther King • Émeutes de mai 68 en France

1969 Deux astronautes américains marchent sur la Lune • Festival pop de Woodstock

1972 Affaire du Watergate

1973 Coup d'État au Chili

1976 René Lévesque, à la tête du Parti québécois, est élu premier ministre • Montréal accueille les Jeux Olympiques

1977 Le gouvernement péquiste adopte la Loi 101

1980 Premier référendum sur la souveraineté du Québec

1981 Yves Beauchemin publie *Le Matou*

1982 Anne Hébert publie *Les Fous de Bassan* (prix Fémina)

1983 Création du Fonds de solidarité de la FTQ

1985 Robert Bourassa redevient premier ministre du Québec

1986 Denys Arcand réalise *Le déclin de l'empire américain*

1987 Décès de René Lévesque • Jean-Claude Lauzon réalise *Un zoo la nuit*

1990 Échec de l'accord du lac Meech • Confrontation à Oka entre les Mohawks et la Sûreté du Québec et l'armée canadienne

1994 Jacques Parizeau est élu premier ministre du Québec

1995 Second référendum sur la souveraineté • Robert Lepage réalise *Le confessionnal*

1996 Lucien Bouchard devient premier ministre du Québec

1999 Dépôt à l'Assemblée nationale d'une loi visant à reconnaître les conjoints de même sexe • Printemps du Québec à Paris

2001 Bernard Landry est assermenté premier ministre du Québec • Émeutes à Québec lors de la tenue du Sommet des Amériques

1977 Woody Allen réalise *Annie Hall*

1978 Début du pontificat de Jean Paul II • Premier bébé-éprouvette

1980 Ronald Reagan, président des États-Unis • Assassinat de John Lennon

1982 Rapatriement de la Constitution canadienne, sans l'appui du Québec

1983 Identification du virus du sida

1984 Brian Mulroney, premier ministre du Canada

1985 Mikhaïl Gorbatchev prend le pouvoir en URSS

1986 Explosion d'un réacteur nucléaire à Tchernobyl en Ukraine • Explosion de la navette spatiale Challenger

1989 Le mur de Berlin tombe

1990 Libération de Nelson Mandela

1991 Guerre du Golfe • Implosion de l'URSS • Abolition de l'Apartheid en Afrique du Sud

1992 Référendum sur l'accord de Charlottetown • Le Canada, les États-Unis et le Mexique conviennent d'une entente de libre-échange

1993 Jean Chrétien, premier ministre du Canada

1994 Génocide au Rwanda • Quentin Tarantino réalise *Pulp Fiction*

1995 Attentat d'Oklahoma City • L'euro devient la monnaie européenne

1999 L'OTAN bombarde le Kosovo

2000 George W. Bush est élu président des États-Unis

2001 Attentats terroristes du 11 septembre

Lectures supplémentaires

Dans un ouvrage comme celui-ci, où la nuance reste grossière, il est impossible de rendre justice à la richesse d'une historiographie. Au cours des trente dernières années, la recherche portant sur l'histoire du Québec a littéralement explosé en quantité et en qualité. Ce livre porte assurément la marque des travaux d'une multitude de chercheurs. Faute de pouvoir citer en long et en large les livres et articles qui ont inspiré notre récit, nous proposons, au lecteur désireux d'explorer la matière du passé et du présent québécois au-delà des limites de notre essai, une courte liste de titres qui lui seront utiles.

Ouvrages de base

Sous cette rubrique figurent une série de publications présentant une information de base sur des morphologies naturelles ou humaines, des processus économiques et sociaux, des faits et des dates, des événements et des personnages. Ces documents, dont le propos est souvent détaillé, offrent au lecteur une matière indispensable pour lui permettre d'élaborer ses vues sur l'aventure historique québécoise.

Annuaire du Québec, Montréal, Fides, annuel depuis 1994.

Atlas historique des pratiques religieuses : le Sud-Ouest du Québec au XIXᵉ siècle, sous la dir. de Frank W. REMIGGI et Louis ROUSSEAU, Ottawa, Presses de l'Université d'Ottawa, 1998.

Atlas historique du Canada, sous la dir. générale de R. Cole Harris, Montréal, Presses de l'Université de Montréal, 1987-1993, 3 vol. [vol. I : Des origines à 1800 ; vol. II : La transformation du territoire, 1800-1891 ; vol. III : Le XXᵉ siècle].

Atlas historique du Québec, collection dirigée par Serge Courville et Normand Séguin, publiée aux Presses de l'Université Laval depuis 1995.

COURNOYER, Jean, *La mémoire du Québec, de 1534 à nos jours. Répertoire de noms propres*, Montréal, Stanké, 2001.

Dictionnaire biographique du Canada, disponible en ligne à www.biographi.ca

Dictionnaire des auteurs de langue française en Amérique du Nord, par Réginald Hamel, John Hare et Paul Wyczynski, Montréal, Fides, 1989.

Encyclopédie canadienne, disponible en ligne à http://encyclopediecanadienne.ca

PROVENCHER, Jean, *Chronologie du Québec, 1534-2000*, Montréal, Boréal, 2000.

ROBERT, Jean-Claude, *Atlas historique de Montréal*, Montréal, Art Global et Libre Expression, 1994.

Ouvrages généraux

Sont ici classés des titres offrant des vues d'ensemble sur de larges aspects de l'histoire du Québec et des Québécois. Plus ou moins descriptifs ou analytiques, ces livres, qui comptent souvent des centaines de pages, permettent au lecteur de mixer avantageusement la perspective synthétique et le souci du particularisme.

DICKASON, Olive, *Les premières nations*, Sillery, Septentrion, 1996 [1992].

DICKINSON, John A., et Brian YOUNG, *Brève histoire socioéconomique du Québec*, Sillery, Septentrion, 2003, 3ᵉ éd.

GREER, Allan, *Brève histoire des peuples de la Nouvelle-France*, Montréal, Boréal, 1998 [1997].

HAVARD, Gilles, et Cécile VIDAL, *Histoire de l'Amérique française*, Paris, Flammarion, 2003.

« Histoire des régions du Québec », collection publiée sous l'égide de l'Institut québécois de recherche sur la culture (16 volumes parus jusqu'ici).

LACOURSIÈRE, Jacques, *Histoire populaire du Québec, des origines à nos jours*, Sillery, Septentrion, 1992-1995.

LINTEAU, Paul-André, René DUROCHER, Jean-Claude ROBERT, et François RICARD, *Histoire du Québec contemporain*, Montréal, Boréal, 1989, nouv. éd. rev. et mise à jour, 2 vol.

MATHIEU, Jacques, *La Nouvelle-France : les Français en Amérique du Nord, XVIᵉ-XVIIIᵉ siècle*, Sainte-Foy, Presses de l'Université Laval, 2001 [1991].

Ouvrages thématiques

Sous cette catégorie apparaissent des livres où les auteurs se concentrent sur un aspect important de l'histoire générale du Québec qu'ils traitent de manière assez approfondie.

BÉLANGER, Yves, et Pierre FOURNIER, L'entreprise québécoise : développement historique et dynamique contemporaine, Montréal, Hurtubise HMH, 1987.

CHARTRAND, Luc, Raymond DUCHESNE, et Yves GINGRAS, Histoire des sciences au Québec, Montréal, Boréal, 1987.

Collectif Clio, Histoire des femmes au Québec depuis quatre siècles, Montréal, Le Jour, 1992.

FERRETTI, Lucia, Brève histoire de l'Église catholique au Québec, Montréal, Boréal, 1999.

GOW, James Ian, Histoire de l'administration publique québécoise, 1867-1970, Montréal et Toronto, Presses de l'Université de Montréal et Institut d'administration publique du Canada, 1986.

GUAY, Donald, Introduction à l'histoire des sports au Québec, Montréal, VLB, 1989.

Histoire du catholicisme québécois, sous la dir. de Nive VOISINE, Montréal, Boréal, 1984-1991, 4 vol.

LAMONDE, Yvan, Histoire sociale des idées au Québec, 1760-1896, Montréal, Fides, vol. 1 : 1760-1896 (2000) ; vol. 2 : 1896-1929 (2004).

La vie littéraire au Québec, collection créée et dirigée par Maurice LEMIRE, Sainte-Foy, Presses de l'Université Laval, 1991-1999, 4 vol. jusqu'ici publiés.

LINTEAU, Paul-André, Histoire de Montréal depuis la Confédération, Montréal, Boréal, 2000 [1992].

MAILHOT, Laurent, La littérature québécoise depuis ses origines, Montréal, Typo, 2003.

MORIN, Jacques-Yvan, et José WOEHRLING, Les constitutions du Canada et du Québec, du Régime français à nos jours, Montréal, Thémis, 1992.

PLOURDE, Michel, et al., Le français au Québec, 400 ans d'histoire et de vie, Québec, Conseil de la langue française, 2002.

ROUILLARD, Jacques, Histoire du syndicalisme au Québec, des origines à nos jours, Montréal, Boréal, 1989.

ROY, Fernande, Histoire des idéologies au Québec aux XIXᵉ et XXᵉ siècles, Montréal, Boréal, 1993.

RUDIN, Ronald, Histoire du Québec anglophone, Québec, Institut québécois de recherche sur la culture, 1986.

Sources consultées pour le « Répertoire des personnages » et pour « Le Québec et le monde »

Annuaire du Québec, Montréal, Fides, annuel depuis 1994.

BÉLISLE, Louis-Alexandre, Dictionnaire nord-américain de la langue française, Montréal, Librairie Beauchemin, 1979.

COLLECTIF, Dictionnaire biographique du Canada, Sainte-Foy, Presses de l'Université Laval, 1966-1998 (14 volumes parus).

COLLECTIF, Dictionnaire des parlementaires du Québec. 1792-1992, Sainte-Foy, Presses de l'Université Laval, 1993.

COLLECTIF, Encyclopédie canadienne, Montréal, M. Bibaud, 1842-1843.

COURNOYER, Jean, La mémoire du Québec de 1534 à nos jours. Répertoire des noms propres, Montréal, Stanké, 2001.

HAMEL, Réginald, John HARE et Paul WYCZYNSKI, Dictionnaire des auteurs de langue française en Amérique du Nord, Montréal, Fides, 1989.

Le petit Larousse grand format, Paris, Éditions Larousse, 2002.

PROVENCHER, Jean, Chronologie du Québec. 1534-1995, édition mise à jour, Montréal, Bibliothèque québécoise, 1997.